农产品经纪人培训教材

农产品经纪人

浙江省供销社职业技能鉴定中心　组编

ZHEJIANG UNIVERSITY PRESS
浙江大学出版社

序

党中央、国务院历来把农业、农村、农民(简称"三农")问题作为全党工作的重中之重,党的十六届五中全会提出了建设社会主义新农村的重大战略任务。"三农"问题的核心是农民增收问题。实现农民增收除了要提高农产品产量、品质外,更主要的是要将农产品卖出去,并卖个好价钱,实现农产品增值,这就需要培育一支遍布农村的农产品经纪人队伍。农产品经纪人随着改革开放和农村经济的发展应运而生,它一头连着市场,一头连着农户,具有专业性强、分布广、信息灵、反应快的特点,一出现就表现出强大的生命力,在市场经济的大潮中,这支队伍已逐渐成为农村新型社会服务体系的重要组成部分,成为农村市场经济的主要参与者,成为带领农民进入市场的排头兵。它的成长壮大对推动区域农业生产发展、传播科技新成果、促进农业增效和农民增收具有十分重要的作用。目前,由于这支队伍总体还比较年轻,存在着规模小、实力弱、法律知识欠缺、营销方式落后、竞争力不强等问题。因此,现阶段通过培训来提高农产品经纪人的知识和技能就显得尤为重要。

供销社作为农民群众的合作经济组织,始终坚持为农服务的宗旨,通过创办专业合作社、建立庄稼医院、开展连锁经营、做好农资供应和农产品销售服务等形式,积极投身到为"三农"服务中去。近年又抓住劳动和社会保障部授予供销社开展农产品经纪人等行业特有工种职业技能鉴定资格的契机,利用自身的网络、人才、师资、设施等优势,创新服务方式,主动融入到全省千万农村劳动力素质培训工程中去。为了提高培训的针对性、实用性,增强培训效果,在近几年实践的基础上,浙江省供销社职业技能鉴定中心与金华市供销社职业技能鉴定站组织了一些既有科学理论素养、又有丰富实践经验的农产品、法律、营销方面的教授、行家编写了《农产品经纪人》一书。该教材结合我省农业实际,深入浅出地介绍了农产品知识、法律知识、信息的采集利用和营销手段,重点放在农产品经纪人交易能力的提高和销售技能训练上。本书通俗易懂、重点突出、地方特色鲜明,是广大农民朋友、农产品经营人员学习新知识、掌握新方法的好帮手。这也是我省供销社继出版《庄稼医生读本》一书后,又为农民朋友办的一件好事,希望全省各级供销社继续努力,扎实工作,为社会主义新农村建设做出更大贡献!

二〇〇七年二月

前　言

改革开放以来,我国农产品流通业得到了迅猛发展,在丰富城乡食品供给、促进农业产业结构调整、增加农民收入、缩小城乡差别、扩大就业和保障消费安全等方面发挥着至关重要的作用。

随着加入世界贸易组织后我国流通业对外的逐步开放,农产品流通行业面临日益严峻的挑战。农产品经纪人在以下几方面应该大有作为:大力开拓农村市场,促进农产品流通,提高农民收入;积极配合商务部"万村千乡"市场工程建设,促进农产品流通现代化,推动农村市场网络建设;积极推动"食品放心工程"建设,保障食品消费安全;全面展示我国改革开放以来,农产品产业化经营模式所取得的巨大成就,推广我国农产品流通快速发展的先进经营理念;建设大市场,发展大贸易,搞活大流通,加快推进内外贸一体化和贸工农一体化,促进农村经济结构调整和经济增长方式转变,为城乡协调发展和国民经济持续、快速、健康发展作出贡献。

本书通过理论和实践的结合,介绍了农产品经纪人的职业特点、作用、现状等基本知识,并结合农产品经纪人的特点,围绕农产品经营贸易这个核心,重点介绍了农产品信息的采集与分析、农产品营销、贸易谈判等,同时也较全面地介绍了农产品经纪人的职业道德、法律知识、商品性状等级规格、包装储运等相关知识,针对目前的热点问题介绍了食品安全知识、品牌经营和电子商务。本读本依据农产品经纪人的特征,具有针对性、通俗性、直观性的特点。

　　本书的顺利出版得到了金华职业技术学院和金华市供销社的大力支持,也得到了行内一些专家的指导,在此一并谢过!

　　由于我们能力所限以及时间仓促,书中定有一些不足之处,希望同仁们批评指正!

编　者

2007 年 2 月

目　录

第一章　绪　论

经纪业和经纪人在我国的历史由来已久,古代就产生了专司中介职能的早期经纪人。据历史记载,在西周时期出现以管理市场职官为身份、由官府指派的经纪人——质人;在西汉初期,市场上就有说合牛马交易并从中收取佣金的人,称为驵侩,后变为牙商。

到唐代,随着商贸活动的日渐广泛,贸易对象已由牲畜发展到各种商品交易。新中国成立后,在"左"的思想影响下,经纪活动暂时转入地下或退出。随着我国市场经济体制改革的不断深入和拓展,经纪人的社会功能,也随之重新走上经济舞台,特别是1992年邓小平南巡谈话后,经纪业已成为流通领域的一个热门行业,这对我国市场和国民经济发展的影响更加突出。

经纪是指在市场上为交易双方沟通信息,撮合成交,提供与交易相关服务的行为和活动。

第一节　经纪人的概念

一、经纪人的涵义

美国市场学家菲利浦·卡特奥拉将经纪人定义为:"经纪人系提供廉价代理服务的各式中间人的总称,他们与客商间无连续性关系可言。"

美国经济学家D·格林·沃德主编的《现代经济词典》将经纪人定义为:"将其他人拉在一起协商立约的人。经纪人从这项服务中得到佣金。在处理财务和不动产时,经纪人从实物或财务上把一项资产的买主和卖主拉拢到一起。"

我国《辞海》的定义为：经纪人是买卖双方介绍交易以获取佣金的中间商人。

《中国经纪大辞典》的定义为：经纪人，中间商人，旧时称掮客，处于独立地位，作为买卖双方的媒介，促成交易以赚取佣金的中间商人。

《经济大辞海》的定义为：为买卖双方充当中介而获取佣金的中间商人。旧中国称为掮客，有一般经纪人与交易所经纪人之分。

1995年10月26日国家工商行政管理局在颁布《经纪人管理办法》中指出："经纪人是指依照本办法的规定，在经济活动中，以收取佣金为目的，为促成他人交易而从事居间、行纪或者代理等经纪业务的公民、法人和其他经济组织。"

经纪人概念的四个层次：

(1)经纪人在经济活动中以收取佣金为目的；

(2)经纪人为促成他人交易而进行服务活动；

(3)经纪人的活动形式主要包括居间、行纪、代理等；

(4)经纪活动主体分别为公民、法人和其他经济组织。

二、经纪人的性质

经纪人系指在市场上为交易双方充当中介，收取合理佣金，同客商间并无连续性关系的商人。

经纪人本身不占有商品，只是从事中介活动，同客户之间也不需要保持连续关系，并且通过中介活动，获取一定佣金。经纪人的经纪活动是以获取佣金为目的的，当经济活动取得成功，即当买卖双方在经纪人提供服务后成交时，经纪人便可以从买卖双方或从买卖双方的任何一方获得佣金。收取佣金是经纪人从事经纪活动的内在动力，是经纪人进行艰辛工作的驱动因素。经纪人的活动是有偿的，不是义务的。由此可见，经纪人的活动具有经营的性质。另外，经纪人通过提供服务、信息等来联结买卖双方，其一切活动都是为买卖双方服务的，当买卖双方一次交易结束后，经纪人为该笔业务提供的中介服务就算结束。所以从根本上说，经纪业属于第三产业。

经纪人可以是个体、合伙、公司以及其他法人组织，即从事经纪活动的人，包括自然人和法人。

三、经纪人的权利和义务

(一)经纪人的权利

在《经济法》中,权利是指自己具有为或不为一定行为以及要求他人为或不为一定行为的资格。

1. 获取报酬的权利

经纪人完成中介任务,使委托人找到交易的对方或者经过经纪人居间撮合达成买卖后,经纪人有权得到一定的合理报酬,即获得佣金。

2. 请求支付成本费用的权利

经纪人完成中介任务后,有权要求委托方支付中介活动中所产生的费用,包括咨询费、差旅费、电话费、保管费、商品检验费、租赁场地费、办公费等,委托人支付的费用以经纪成本为限。

3. 清偿请求权

如果经纪人被委托人委任为代理人时,其权利还包括必要债务的清偿请求权,非因自身因素而造成损害的清偿请求权,以及在某些情况下对占有的委托人财产行使留置权等内容。

(二)经纪人的义务

在《经济法》中,义务是指当事人必须为或不为一定行为的责任。

1. 如实介绍产品的义务

经纪人在进行经纪活动时,必须实事求是地就其所知报告给当事人,忠实地履行合同中所规定的各项义务,保护委托人的利益。

2. 公正中介

经纪人在进行经纪活动中,要做到公正,不能以欺骗或隐瞒等不正当的手段进行经纪活动。

3. 保管样品的义务

经纪人在经纪活动中,如果经其介绍达成交易需领取并保管样品,应将保管样品一直保管到交易终止。

4. 制作文书的义务

经纪人对于当事人之间商定的事项,除即时结清者外,应当及时制作文书,以书面形式记载当事人双方的姓名、商号、交易内容、交割日期及其他有关事项,签名后交付当事人各方存证。

5.保守机密的义务

无论是委托人还是另一方当事人,如果要求将其商号、姓名等相关事项保密的话,经纪人都必须遵守,不得将之告诉对方。

6.不接受额外给付

经纪人除了获得经纪利润外,不能接受额外的给付,如回扣等。

7.在法律规定的范围进行经纪活动

经纪人必须在法律、允许的范围内进行中介服务。根据我国现行的法律和政策规定,下列商品及领域,经纪人不能参与中介:

(1)国家规定控制物资和产品;

(2)走私商品;

(3)国家规定的违禁品(如文物、珍稀动物、金银、外币、毒品、濒危物种及产品等)和限制出口的原材料和制成品;

(4)联合国禁止进出口的产品;

(5)假、冒、伪、劣商品;

(6)国家机密信息与资料、资源。

另外,对有违社会公德和少数民族宗教习惯的商品,经纪人不能参与其中介活动,否则也要自行承担有关法律责任。

8.依法纳税并接受行政监督的义务

在从事经纪活动过程中,经纪人要自觉接受工商行政管理部门、审计部门、商检部门、财税部门、银行部门等专职机构的行政监督,并承担依法缴纳有关税、费的义务。

四、经纪活动的主要内容

(一) 信息传递

在经纪活动中,经纪人接受供给或需求中的一方委托后,就要把该信息提供给需要交易的另一方,促使买卖双方有交流的机会,撮合买卖双方的交易。在这个过程中,经纪人传递的信息是至关重要的一个因素。

(二) 代表其中的一方进行谈判

经纪人通过提供信息能够使供求双方联系起来,但不一定能马上达成一致。交易过程中,在某些条件上双方可能会有较大的分歧。在这种情况下,如果有委托人的授权,经纪人可以代表委托人与交易对方进行谈判。但是,这种谈判必须是在委托人的授权范围之内进行。如果超越授权范围,必须征得委托人的事前同意,否则,由此产生的相应法律后果自行负责。

(三) 交易咨询

在有些情况下,交易者对某些商务、法律等事宜会存在不熟悉的情况,这个时候,经纪人可以提供咨询,并协助办理有关手续,例如为委托方提供信息反馈,协助企业搞市场调查、分析和预测等工作。

(四) 为交易活动草拟文件

经纪人可以根据委托方的意思表示进行经纪活动中的有关文件的草拟工作。但由于交易文件涉及双方当事人的经济利益,必须通过买卖双方协商而确定,并由当事人签名盖章,该文件才具有法律效力。

(五) 为交易提供保证

经纪人的经纪活动,通常还可以作为一种保障交易安全的方法,起着经济担保的作用。在经纪活动中,经常会出现买卖双方互不信任的情况,这时,经纪人可以发挥一定的作用。比如,买方可以先将货款打入经纪人的账户,由经纪人向卖方提供货款已到的凭证,卖方在确认单据无疑的情况下把货物发运,然后向经纪人出示有关发货的单据,经纪人确认后,就可以把货款转给卖方。这样交易双方可以通过经纪人转交货物和货款,经纪人起了一定的担保作用。但经纪人的这种担保作用不是负连带赔偿责任的担保,而是以信誉条件保证交易顺利完成。

五、经纪收入

(一) 佣金的性质

佣金是指委托人依照法律规定或者双方约定,因经纪业务而支付给经纪人的报酬,是经纪人从事经纪活动的合法收入。经纪人的佣金就其性质来说,是劳动收入、资本收入、经营收入和风险收入的综合体。

佣金与回扣具有完全不同的法律性质。回扣(亦称好处费、提成费、红包等)具有行贿收买的性质。《反不正当竞争法》中规定,在账外暗中给予对方单位或个人回扣的以行贿论处;对方单位或者个人在账外暗中收受回扣的以受贿论处。佣金是经营者(委托人)以明示的方式给付的,要依法入账。

经纪人从事经纪活动所得佣金是合法收入。经纪人完成经纪活动后,有权按照合同约定收取佣金。收取佣金的标准,以双方约定或参照商业惯例支付。经纪人收取佣金不得违反国家法律、法规和政策。

(二)佣金的标准

佣金作为提供中介服务的一种特殊价格,应该由经纪人与委托人在合同中协商确定。按照惯例,佣金的数量标准一般都是按成交额的一定百分比来提取的,而且交易额越大,提取的比例也就越低。比例可以分段,逐渐递减。如果交易额非常大也可以采取封顶的办法,明确规定最多只能收取多少佣金。如果交易额较小,也可以采取保底的做法,明确规定最低价,才可以作为佣金。因此,在这种情况下,佣金的数额多少要取决于所交易商品的价格。

一般来讲,佣金由经纪成本和经纪利润构成,即:

$$佣金 = 经纪成本 + 经纪利润$$
$$= 经纪费用 + 经纪税费 + 经纪利润$$

因此,佣金标准的合理确定,要求上述三个部分的内容都应该是合理的。具体而言:

第一,经纪费用应在佣金中得以补偿。经纪费用包括经纪机构管理费用、交通费用、广告公关费用、场地租借费用、样品保管费用、样品商检费用、经纪机构固定资产折旧费用等列入经纪成本费用项目。

第二,经纪税费包括经纪公司的营业税、所得税和各种管理费支出。

第三,经纪利润是在一定利润率下计算出的盈利。经纪人可以根据市场和本行业实际情况依据一定的利润指标核定相应的经纪利润。经纪利润的核定应合理,不可过高,也不能偏低。

目前佣金的数额没有一个统一的标准,完全由经纪人和委托人在合同中协商确定。我们认为,国家有规定的,应按国家标准支付;国家没有规定的,可按双方订立的经纪合同给予,通常规定以成交额的一定百分比来提取佣金。

佣金的支付方式包括佣金的支付主体、支付形式、支付时间等几个方面。

1. 支付主体

支付主体是指由谁来支付经纪人的佣金。一般而言,佣金是在经纪合同中规定了的,经纪合同的委托方有支付佣金的义务。经纪人在经纪活动中的报酬只能局限于此。除此之外,经纪人不得从参与交易的任何其他方收取佣金或各种形式的费用。某些时候,经纪人的佣金根据实际签订的经纪合同的要求,由参与交易的各当事人承担,例如经纪人从事居间活动时就可以这样规定。

2. 支付形式

佣金的支付,具体应采取什么样的方式,经纪人应按照国家规定的结算和支付方式进行佣金的收取工作,同时要严格按照税法规定缴纳有关税金。

3. 支付时间

一般情况下,佣金应在经纪成功、交易双方签订经济合同时收取。这样可以防止由经纪人撮合签订合同后因交易双方没有履约,从而可能影响到经纪人取得佣金,除非合同不履约与经纪人有关。在某些情况下,经纪人在开始活动以前可以要求委托人支付一部分活动经费,尤其是在经纪活动费用较高的情况下。

（三）佣金的支付

佣金的支付由经纪业务的委托方承担。

六、经纪人从业资格的取得

（一）必须通过经纪人资格认定,即确认是否具有成为经纪人的资格

根据《经纪人管理办法》第六条,申请从事经纪活动的人员必须具备以下条件：

（1）具有完全民事行为能力；

（2）具有从事经纪活动所需要的知识和技能；

（3）有固定的住所；

（4）掌握国家有关的法律、法规和政策；

（5）申请经纪资格之前连续三年没有犯罪和经济违法行为。

具备以上条件的人员经工商行政管理机关考核批准,取得《经纪人资格证书》后,方可申请从事经纪活动。

(二) 必须通过考核

根据国家工商行政管理局发布的《经纪人管理办法》和有关省市的具体规定,经纪人培训考核发证由县以上工商行政管理机关组织实施,也可以委托有关单位进行。培训考核的内容为从事经纪活动所需要的知识和技能以及有关法律、法规、职业道德等。经培训考核合格后发给证明,凭考核合格证明,向发照的工商行政管理机关申请,经核准后发给《经纪人资格证书》。申请科技、房地产,以及法律、行政法规规定的其他特殊行业的专业经纪人员资格证书的,则由省或市(地)工商行政管理部门会同有关行政部门培训,审核,考核发证。

获得《经纪人资格证书》的人员,可以依法申请设立经纪企业、合伙的经纪组织,申请登记注册为独立经纪人。

七、经纪人的工作程序

经纪人最基本的工作就是通过中介业务来促成交易。在具体的经纪实务中,经纪人通常按照以下程序进行活动。

(1)对委托方的业务进行有效的、正确的评估。通常委托方在出售或寻找一项业务时,对业务的定价都可能会有一定的情绪化,从而影响到该项业务的实际价值和价格。作为经纪人,通常都是某一行业的专家,他们能够理性地评估某一项业务。

(2)与委托方签订经纪人合同,确立双方的权利和义务。

(3)根据委托方的具体要求,以及合同规定,为委托方寻找交易对象。

(4)促成双方交易的成功。

(5)获得佣金。

第二节　农产品经纪人的概念

一、概念

农产品经纪人是指在农产品交易中为促成他人进行农产品交易而

从事的中介、居间、行纪或代理等活动,并取得合理佣金的公民、法人和其他经济组织。

(一)居间

居间是我国经纪人最早的一种活动方式,是指为交易双方提供交易信息及条件,撮合双方交易成功的商业行为。其特点有:

(1)服务范围和对象广泛;

(2)参与交易的程度较浅,服务内容较为简单;

(3)只以自己的名义开展活动。

(二)行纪

行纪又称信托,也叫"牙行",是指经纪人受委托人的委托,以经纪人自己的名义与第三方进行交易,并承担规定的法律责任的商业行为。

行纪业务大体分为两大类:贸易信托和金融信托。其特点有:

(1)行纪人以自己的名义进行行纪活动;

(2)行纪人在行纪活动中可以介入买卖;

(3)服务范围和对象较广,参与交易的程度较深。

(三)代理

代理又称委托,是指代理人在代理权限内,以被代理人名义与第三方进行交易,由被代理人承担相应的法律责任的商业行为。其特点有:

(1)代理人以被代理人的名义进行活动;

(2)代理人必须在代理权限内开展活动;

(3)多为特定的对象服务;

(4)涉及的服务内容较多,参与服务的程度较深。

二、农产品经纪人应具有的意识

随着市场经济的不断发展,农产品经纪人需要具有以下五种意识,才能适应经纪工作的需要。

一是市场意识。农产品经纪人要学会运用市场学的诸种手段,根据买卖双方市场采取相应的对策。

二是法律意识。农产品经纪人要善于运用法律武器来保证自身正当的权利。在签订经纪合同时,要熟悉合同条款,将责、权、利明确,避免造成不必要的损失。

三是信息意识。农产品经纪人应当建立自己的市场信息库,关注市场行情的变化,学会应用计算机储存和处理市场信息。

四是信用意识。农产品经纪人要以自身的诚实、公平、高效、低费而赢得供需双方的信任,并使经纪活动持续进行。

五是科技意识。农产品经纪人要有相应的科技文化素养,了解自己经纪的商品性能,才能游刃有余,决胜市场。

三、农产品经纪人的活动特点

农产品经纪人的活动具有广泛性、服务性、报酬性、非商品性、隐蔽性、非连续性、法律性、灵活性的特点。

(1)农产品经纪人的经纪活动空间、从事经纪活动的主体相当广泛。

(2)经纪主体只提供服务,不从事直接经营。

(3)经纪人不占有商品,不拥有货币。

(4)经纪活动报酬的"佣金"特征。

(5)经纪活动的隐蔽性和非连续性。

(6)经纪人不独立承担民事责任。

四、农产品经纪人应具备的素质

农产品经纪人的内在素质在很大程度上影响着经纪业绩。农产品经纪人必须不断提高自身的素质,使自胶的经纪活动建立在更为合理和科学的基础之上。综合而言,农产品经纪人应具备以下基本素质:

(一)政治思想素质

在社会主义诵场经济体制下,农产品经纪人是为农村经济的发展、为提高农民的收入服务的。作为经纪人来讲,必须有着比较高的政治思想觉悟,正确领会和贯彻党和国家的各项方针政策,有强烈的时代感和责任心,使自己成为一个有理想、有道德、有文化、有纪律的新型农产品经纪人。讲究职业道德,使经纪活动建立在良性发展的轨道之上。

(二)心理素质

良好的心理素质,是经纪人取得成功必备的条件之一。一般而言,农产品经纪人的心理素质包括以下几个方面：

1.良好的性格,稳定的情绪

良好的性格有助于人际间的沟通;稳重的性格有利于增加客户的信任。积极向上而又饱满的情绪会激发人们的工作热情,推动经纪事业的开展。这就要求农产品经纪人在开展业务活动的过程中,面对复杂多变的情况,要克服自己性格中的不利因素,善于控制自己的情绪。做到冷静而礼貌、耐心而果断;避免喜形于色,怒而变色,要经常保持较为平和的心态,使自己有比较好的心理承受能力。

2.坚强的意志,坚定的信心

持之以恒、百折不挠的意志品质,遇败不馁,树立必胜的信心,才可以使农产品经纪人在变化无穷的市场竞争中求得生存,发展壮大。

(三)身体素质

农产品经纪人的经纪领域有很强的地域性,经常要走村串户,往返于城乡之间,甚至翻山越岭、跋山涉水,消耗大量的体力和精力。健康的体魄、旺盛的精力是农产品经纪人必须具备的身体素质。

(四)知识素质

农产品经纪人需要有合理的知识结构。

农产品经纪人的知识结构即经纪人所应具备的各种知识以及这些知识的相互联系与影响。

1.基础知识

经纪人应具备一定的文化知识,从事农产品经纪活动起码应具备初中以上学历,能看懂、听懂基本的知识,会运用现代化通讯工具去捕捉信息、传递信息,为供需双方起到沟通的作用。文化程度越高,对市场的把握能力、领悟力以及对业务变化的适应能力越强,成为优秀经纪人的可能性就越大。

2.专业知识

农产品经纪人与农产品打交道,与市场打交道,还常常与买卖双方和其他经纪人打交道,这些方面的活动就要求经纪人具备多方面的专业知识,归纳起来,农产品经纪人会涉及以下几个方面的专业知识:

(1)农产品知识:农产品涉及的范围很广,有粮油类、果品类、蔬菜类、肉类、禽蛋类、水产类、调味品类、乳品类、水及饮料类、酒类等等,并且每一大类中又有很多的品种,这些农产品对于经纪人来说不可能都掌握,但是经纪人应根据具体情况,有针对性地掌握自己所经纪的农产品的分布范围、品种类别、市场价格、总体数量等相关资料、信息和知识,做到心中有数。在此基础上,多了解其他农产品的基本知识,以拓宽经纪领域。

(2)市场知识:经纪人的主要活动在市场之中,应具备一定的市场知识。掌握市场动态,熟悉市场规则,了解市场行情,以适应不断变化的市场环境。

(3)公关知识:农产品经纪人要和各方面、不同层次、不同地域的客户联系,掌握必要的公关知识,是成功必备的手段。掌握公关知识,有意识地培养自己的沟通、说服能力,在具体操作中,应注意公关媒体、方法、礼节等方面的运用,如果再结合心理学等相关知识,那么效果会更好。

(4)财务会计知识:农产品经纪人在具体的经纪活动中,不仅要核定自己的经营成本、利润等问题,而且还要给交易双方做些涉及农产品成本、利润等相应的咨询服务,因此掌握财务会计知识是必要的。而且,作为经纪人来说,学好会计知识,有助于自己理财能力的提高。

(5)经营管理知识:经纪人虽然提供的是中介服务,但整个经纪活动中蕴涵着丰富的经营管理思想。经纪活动不是简单地联系农产品供需双方,而是一系列的经营活动。在这个经营活动中,需要经纪人了解市场需求,掌握农产品采购、销售的若干方法;能根据实际情况对农产品的价格趋势做出合理的判断与预测;对农产品成本做出正确的核算。从经纪人本身的发展着眼,如何运作整个经纪队伍,同样需要经营管理知识。

(6)辅助知识:农产品经纪人活动中,还要熟悉相关的政策、法律知识,使经纪活动合理又合法;要了解商务心理学的基础知识,以便更好地与人沟通;要掌握经济地理学的相关知识,以便了解农产品的地域特点;要加强对语言的学习,如各地的方言、忌语、风俗习惯等,有条件的话还可以学一门外语,为农产品的进出口贸易奠定基础。

五、农产品经纪人应具备的能力

在经纪活动中,良好的事物观察、信息筛选能力,一定的社交和应变能力,都是农产品经纪人顺利开展工作的根本保障。

(一)良好的观察能力

观察能力是人们本着特定目的,带着计划,按照一定步骤去观察客观事物的现象时,能掌握现象中具有本质的、典型的外部特征的一种能力。经纪人既要观察市场的变化,也要了解具体农产品的外观、性状等指标。观察能力对农产品经纪人而言,尤为重要。经纪人应该时刻培养这种能力,做到眼睛勤看,头脑多想,心中善记;客观、及时、准确、全面、周密地去观察。

(二)获取和鉴别信息的能力

随着市场经济的发展,科学技术的进步,信息传播的数量和速度不断加大、加快。如何广泛地获得信息,从众多的信息中鉴别出有价值的内容,是现代经纪人的基本素质之一。在这种情况下,经纪人应注重以下几个环节:

(1)善于捕捉信息。农产品经纪人以自己经纪的业务为核心,围绕相关的项目主动、及时地去捕捉信息,为经纪活动提供有预见性的、指导性的参考信息。

(2)提高鉴别水平。获取一定的信息资料后,应学会运用科学的方法,把原始的信息通过归纳、分析、对比、综合等手段,去粗取精,去伪存真,提炼出有价值的信息。

(三)良好的社交公关能力

社交公关能力反映的是一个人与社会融和、与他人交往沟通的能力,可以体现自身与公众利益之间建立相互了解和信赖关系的能力。农产品经纪人是买卖双方的纽带,连接着城乡之间,活动的范围比较广泛,良好的社交能力可以充当经纪活动的润滑剂,调整经纪人与他人之间的各种关系;一定的公关手段,可以让经纪人迅速打开经纪局面。那么,如何培养良好的社交公关能力呢?农产品经纪人可以从以下几个方面入手:

（1）真诚待人，利义并重。真诚待人，是做人的基本原则。在此基础上，注重利与义的结合。作为经纪人，单纯突出某一个方面，都是不恰当的。

（2）随机应变，灵活把握。市场是不断变化的，社会是在不断进步的。农产品经纪人面对变化的局面，必须讲究灵活，注意策略，具体问题具体分析。

（3）知晓公关知识，掌握社交技巧。经纪人应适当运用新闻媒体、广告等公关宣传手段；注重礼节，注意个人的仪容仪表；举止得当，语言规范。在与人交往的过程中，做到以理服人、以情动人，形成一个畅通的社交渠道。

第三节　农产品经纪人的作用

农产品经纪人是社会主义市场经济条件下农业和农村经济发展的必然产物，是现代农业的重要组成部分。改革开放以来，随着国家对"三农"问题的重视，对社会主义新农村建设的不断推进，农产品经纪人活动应运而生并逐渐发展起来，农产品经纪人从无到有，队伍不断发展壮大，对推动农业发展，繁荣农村经济，活跃农村市场和增加农民收入发挥了积极的作用，主要表现在：

一、加快农产品商品化的速度，促进农村的资源优势快速转化为商品优势

改革开放以后，农村经济得到极大的发展，一大批具有专业性质的农产品基地逐渐形成。把农产品推向市场，加快农产品转化为商品的速度，需要有良好的流通渠道。农产品经纪人在这个方面可起到很好的沟通、中介作用。农产品经纪人可以把本地的农产品资源介绍给市场，把市场需求和本地生产实践紧密连接起来，在本地形成强大的商品优势，使资源优势能快速转化为市场优势。

二、调整农业产业结构，加快农业产业化经营

农产品经纪人的经纪活动可以促进农业产业结构合理化。一方

面,作为生产和消费的纽带,一边连着农民的生产,一边连着市场上的需求,如何使农民的生产经营与市场需求相适应,农民经纪人可以发挥他的桥梁作用,让两者有机地结合起来,使农业的产业结构顺应市场发展趋势而逐渐趋于合理。另一方面,农产品经纪人是促成农民与他人交易的关键联结点。农产品经纪人掌握着农产品的供求状况,担负着传递农产品市场变化信息的任务,对农业生产起着一定的引导作用,而且可以把零散的农产品集中起来进行交易,从而加快农业产业化经营。

三、更新农民生产经营观念,加强农民的市场意识

农产品经纪人依赖市场生存,必须在具体经纪活动的过程中,了解经营,学会管理,掌握市场的变化形势。同时,还必须随时调整经营理念。无论是农产品的生产、包装,还是储运、销售等方面,农产品经纪人都可以了解到最新的符合时代要求、满足城乡需要的产品和方法。因此,农产品经纪人往往有着较强的市场经济意识,一定的组织能力。以经纪人的行为和观念作为先导,把有用的信息、好的观念带到农村,传给农民,培养和加强农民的市场意识,使农产品更快、更好地走向市场。

第四节　农产品经纪人的经纪方式

农产品经纪人的经纪方式有代购代销、委托购销和分购联销等几种方式。

一、代购代销

农产品经纪人可以接受外地客户的委托,在本地或交通便利的地方设点收购委托人所需的农产品,再批发给客户;或者可以为外地客户提供相关的农产品信息、组织货源,协助客户与农民商谈价格,从中收取服务费。

二、委托购销

对于本地农民生产的农产品,经纪人可以接受农民的委托在目标市场或其他地方设立销售点,然后与当地经纪人联手合作。具体做法

是：由当地经纪人负责提供市场行情和销售渠道，由本地农产品经纪人负责组织货源和运输。这样双方经纪人联手经纪，把农产品推向市场。

三、分购联销

这种方式由多个农产品经纪人在农村设立不同的收购点，然后统一组织外销的一种经纪形式。在农产品分布比较分散或外销的农产品数量比较大的情况下，需要多个农产品经纪人共同合作，使农产品相对集中，便于外销。

第五节　农产品经纪人目前存在的问题

农产品经纪人的经纪活动，对农村的发展有着深远的社会影响。例如，农村经纪人的经纪活动不仅使农村和市场产生了实质性的对接，农业结构得到调整，农民收入大幅度提高，促进农民就业；更为重要的是，它改变了农民的思维方式，改变了农民的生产方式，增强了农民的合同意识；而且随着农民收入的提高，投资意识、消费方式也发生着变化，这种变化又间接地推动着农村向城市化方向发展。但是从目前来看，还存在着一些问题，需要我们面对和解决的。

一、农产品经纪人有待进一步解放思想

因为大多数农产品经纪人来自农村，所以一般来说信息较为闭塞，思想观念较落后。由于农产品经纪人缺乏准确的市场信息，导致与市场脱节。同时农产品经纪人缺少必要的中介服务组织支持，另外政府也缺乏对农产品经纪人的鼓励扶持政策。

二、农产品经纪人文化程度低

由于农产品经纪人的文化程度低，对有关方针政策和法律条文理解不透，所以他们起草合同时用词不当或条款不清，经常造成一些不必要的纠纷。少数经纪人受多种因素的影响，无视商业信用和职业道德，在经营中不择手段地压级压价、欺行霸市，影响了自身形象。经纪人营销组织较松散，销售的农产品有待上档次，产品检疫把关不严，加之产

品销售多是混装,包装粗糙,也是一些农产品进不了城市超市的原因。

三、市场准入较为混乱,服务水平有待提高

从目前来看,发展不平衡,有的行业发展缓慢;无照经营较多,在农村,60%以上的经纪人没有经纪人资格证书而直接进入市场从事经营活动。同行之间、同业之间往往为争夺市场相互排挤、搞无序竞争。面对阴晴难测的市场,经纪人感到难以把握,导致该投入时不敢投入,该扩张时不敢扩张,该转向时不敢转向。

四、农产品经纪人以个体经营为主

农产品经纪人以个体经营为主,组织化程度偏低,合伙型、公司型等经纪人实体较少,尚处于初始发展阶段,其行为多少带有随意性、盲目性,缺乏约束力,抗风险能力弱。农产品经纪人信息采集手段比较落后,季节松散型、家庭单干型所占比例较大,尚难以把握农产品市场供求关系及发展趋势等。在经营上,他们往往还受政策、环境、市场等方面因素的制约,整体能力有待提高。产业结构有待进一步优化,市场发育程度不高,发展后劲不足。

五、宣传力度还不够

由于宣传力度的缺乏,人们的观念还不能改变。目前社会上对农产品经纪人仍有不同的看法,"倒买倒卖"、"无商不奸"、"投机钻营"、"二道贩子"等旧观念还未真正从人们的观念中转变过来。

六、农产品经纪人的品牌意识不强,缺少必要的营销知识

农产品经纪人业务结构不合理。营销经纪人居多,科技经纪人和文化经纪人缺乏。大部分农村经纪人都停留在各自为战的无组织状态,并没有充分利用起社会的合作和分工机制,而分散经营使他们不能很好地发挥作用。

七、农产品经纪人普遍缺乏资金,经纪人缺乏长远发展意识,抗风险能力低

从目前来看,大多数农产品经纪人没有什么资金,经纪工作难以开展,"巧妇难为无米之炊"。而融资又缺乏制度保障,农产品经纪人难以筹集资金。再则,缺乏长期的经营发展目标,导致没有发展的后劲,抗风险的能力低下。

以上几个农产品经纪人的现状问题,有的需要政府部门加以正确引导和教育,但最主要的还在于我们农产品经纪人本身,必须不断地学习,及时总结经纪活动过程中的经验和教训,克服困难,努力成为一个新时代的合格的农产品经纪人。

总的来说,在市场经济体制下,中国"三农"问题的核心,是农产品流通问题,是农业生产和市场需求之间的有效衔接问题。这也是农民最迫切和最困惑的问题,也是农民在农业生产活动中面对的最根本的问题。培育和发展农产品经纪人,是解决农产品生产和流通衔接的桥梁,也是现阶段我国解决"三农"问题的一条重要途径。

思考题:

1. 什么是农产品经纪人? 农产品经纪人的经纪方式有哪几种?
2. 经纪人的权利和义务各有哪些?
3. 经纪活动的主要内容是什么?
4. 一般是如何提取佣金的?
5. 经纪人从业资格如何认定?
6. 农产品经纪人应具备哪些能力?
7. 农产品经纪人的作用是什么?

第二章　农产品经纪人职业道德

第一节　职业道德基本知识

一、道德与职业道德

(一)道德的内涵

道德是一定社会、一定阶级调节人与人之间、个人与社会、个人与自然之间各种关系的行为规范的总和。这种规范是靠社会舆论、传统习惯、教育和内心信念来维持的。它渗透于生活的各个方面,既是人们的行为应当遵守的原则和标准,又是对人们思想和行为进行评价的标准。

(二)职业道德的内涵

职业道德是指从事一定职业劳动的人们,在特定的工作和劳动中以其内心信念和特殊社会手段来维系的,以善恶进行评价的内心意识、行为原则和行为规范的总和,它是人们在从事职业的过程中形成的一种内在的、非强制性的约束机制。

(三)职业道德的特点

职业道德随着人类社会的形成和发展而产生和变化,有着漫长的历史和不同的形态。人们的道德品质和社会道德风尚,主要是在各种职业活动实践中形成和发展的。由于人类的社会生活是多方面的,包括家庭生活、公共生活和职业生活,因而道德也分为家庭道德、社会道德和职业道德。因此,职业道德是整个人类道德的一个重要组成部分。

人们在各个领域所从事的职业活动,是各种职业道德产生和发展的实践基础。职业道德是一般社会道德和阶级道德在职业生活中的具体表现,它既是对本行业人员在职业活动中行为的规定,同时,又是行业对社会所负的道德责任与义务。

职业道德具有从属性、职业性、稳定性、继承性、适用性、成人性等特点。

1.职业道德的从属性

在阶级社会中,一定的职业道德总是反映一定的社会道德和阶级道德,在不同程度上体现着社会道德和阶级道德的要求;一定的社会道德和阶级道德又在很大程度上影响着职业道德。

2.职业道德的职业性

由于不同的职业对社会所承担的义务与责任不同,服务于他人的方式不同,所处的社会位置及工作环境不同,因而,各行各业的职业道德均有其不同的特点,使职业道德表现出丰富多彩的职业特征。

3.职业道德的稳定性

善与恶、是与非等道德观念,在不同社会、不同阶级中,或在同一社会的不同阶级中,都有着不同的内容与标准,而职业道德却不同。职业道德从内容上与各种职业要求和职业生活相结合,一个人在职业生活实践中会形成比较稳定的职业心理和职业习惯。这种心理和习惯会铸成从业人员的稳定的品德,其中还较多地包含着世代相传的职业传统。

4.职业道德的继承性

职业道德的一些重要原则往往是可以继承的。因为职业活动有一定的稳定性,并且有一些共同的性质与特点,所以在漫长年代中形成的职业道德规范就有突出的继承特征。

5.职业道德的适用性

职业道德是从职业活动实践中产生的,并具体表现在大量日常工作中,脱离人们的具体职业活动谈职业道德是毫无意义的。职业道德是指导工作与劳动行为的。因此,它的一些原则、规范大都表现为具体实行的行为守则,适用于指导人们在工作、劳动中的行为。各种职业都从本职工作要求出发,适应本行业从业人员的接受能力,采取一些如工作守则、规章制度、生活公约等简明适用的形式,帮助人们养成良好的职业道德习惯。

6.职业道德的成人性

职业道德是针对从业或即将从业的人员而言的。有了职业或就要走上工作岗位的人绝大多数都是完成家庭教育与学校教育的成年人。因此,职业道德是在家庭教育与学校教育中已经初步形成的道德观念的进一步发展,是道德意识和道德行为发展的成熟阶段。职业道德主要表现在成年人的意识和行动中。

由于职业道德具有以上特点,因而,它能够使一般道德原则和道德规范在实际生活中充分发挥作用,对个人的思想和行为产生经常的、深刻的影响,成为一般道德原则和道德规范的重要补充。

二、职业道德与人自身的发展

首先,职业道德是事业成功的保证。市场经济是道德经济,作为从事不同行业的人来说,讲职业道德是从业的前提,也是事业成功的必要条件。

其次,职业道德是个人整体道德素质的反映。道德素质是人的整体综合素质的一个方面,包含着丰富的内容。其各个方面是相互作用的,职业道德可以在一定程度上反映一个人的整体道德素质,同时,职业道德素质的提高也有利于人的思想道德素质的全面提高。

再次,职业道德水平的提高可以升华人格。人是职业道德的实现者、体现者。通过职业道德在自己工作中良好的表现,使自身更加完善,有利于自己人格魅力的形成。

第二节　职业守则

职业守则是从业人员必须遵守的行业规范和职责的总称。作为农产品经纪人,应遵从以下职业守则:

一、爱岗敬业,诚实守信

第一,爱岗敬业是从业人员做好本职工作所应具备的基本的思想品格,是产生乐业的思想动力。爱岗就是热爱本职工作,敬业是要用一种恭敬严肃的态度对待自己的工作。农产品经纪人应该立足经纪事业,全心投入,高度负责,不断提高对农产品知识和技能的水平,更好地为农村经济的发展服务。

第二,诚实守信是为人之本、从业之要。诚信是市场经济的基本规则,是我们为人处世的根本要求。作为一个人安身立命、成就事业的职业活动,诚信同样是至关重要的从业品质。作为农产品经纪人,对交易双方应知的情况不能有所隐瞒;不能提供虚假信息、以次充好。而对于应当保守的机密,必须严格把守。尊重委托人的利益,维护自身的信用。

二、遵纪守法,办事公道

第一,遵纪守法是农产品经纪人进行正常经纪活动的重要保证。经纪人必须遵守职业纪律和相关的法律、法规和政策,遵守职业道德。遵守法律、法规,首先要学习相关的知识,提高对法律、政策的领会能力,并运用法律武器和政策维护自身的利益。

第二,办事公道是指人们在处理问题时,站在公正的立场,公正合理、不偏不倚。这是经纪人开展活动的根本要求。经纪人的活动,一手托着两家甚至是多家,必须公平、公正,不能偏袒其中任何一方。在公平的前提下,还要顾及国家的利益。

三、精通业务,讲求效益

第一,精通业务是农产品经纪人必须具备的条件。经纪人应根据所从事的业务内容,不断学习,努力钻研,全面掌握相关农产品的属性特点、鉴别方法、最新的发展状况等;能自如运用和经纪活动相联系的知识。不仅做好农产品的经纪工作,还应成为农产品的专业人士。这样,才能更好地进行经纪活动。

第二,讲求效益是指要依据一定的条件,以最少的投入获取较大的收益。这是经纪人进行工作的内在动力,也是保证经纪活动持续进行的一个条件。这就要求农产品经纪人在经纪活动过程中,力行节俭,搞好核算,使效益最大化。

四、服务群众,奉献社会

第一,服务群众是农产品经纪人进行经纪活动的宗旨。农产品经纪人大多来自人民群众,其活动直接促进了农产品的流通。只有本着为群众服务的宗旨,才能更好地从事农产品的经纪活动。

第二,奉献社会是农产品经纪人高尚品格的体现。建立社会主义市场经济体制,需要每个社会成员的共同努力。农产品经纪人在经纪活动中,应站在一定的高度,在坚持效益的前提下,乐于奉献,为农村经济的发展出力,为新农村建设添砖加瓦。

五、规范操作,保障安全

规范操作是对农产品经纪人在经纪活动过程中的具体要求。农产品的经纪活动经常涉及农产品的加工、储备、运输等业务,在操作过程中,应熟悉食品生产的要求、交通工具和机械设备的正确使用,注意防火、防盗,学习一些自救知识等。这样,才可能使自身和他人及整个经纪活动的安全得到保障。

思考题:

1.什么是职业道德? 有什么特点?
2.农产品经纪人应遵从哪些守则?

第三章　农产品信息的采集与分析

第一节　市场信息概述

在市场中有三个"流",即物流(产品)、资金流和信息流,前两者是可见的,大家都知道的,第三者是看不见的,但会不会做生意,主要看的是第三个,即信息流。有的人随时随地在采集来自市场内外的信息,而有的人却只见到产品和钱,但不知该如何将产品变成钱或将钱换成自己所需要的商品。

一、信息、市场信息的概念

信息是客观存在的各种事物和变化的反映。信息是事物表现的一种普遍形式,是事物根本属性的一种反映。

信息的交流和扩散,必然要涉及三个基本要素,即信源、信道和受信者,缺一不可。

市场信息是在一定条件下,由市场各组成要素发出的被人们理解和认识并经过加工整理,为从事市场活动所需要的信号、消息、情报、数据和资料等。

农产品经纪人所采集的信息属于市场信息范畴。

二、市场信息及特点

(一)信息源的分散性和信息量的膨胀性

人们称现在是"信息爆炸"的时代,表明了信息的分散和信息量的庞大。也说明从事经纪业务的人们必须建立信息系统,对市场信息进行有效的搜集、筛选和加工,才能利用市场信息,捕捉市场机会,开展各种经营活动。

(二)市场信息的时效性

市场信息的使用价值不是永久性的,而是在一定时间约束下存在的。这就是说,一定的市场信息只要在一定的时期内,在特定的环境和条件下,方能对经营管理活动产生影响。

(三)市场信息的经济性

市场信息是现代企业经营管理的重要资源和财富。市场信息的搜集是农产品增值的重要因素。

【案例】　三营业员如何卖李子给老太太

(资料来源:中国人力资源网)

一条街上有三家水果店。

▲第一家店营业员一介绍,老太太扭头就走

一天,有位老太太来到第一家店里,问:"有李子卖吗?"店主见有生意,马上迎上前说:"老太太,买李子啊? 您看我这李子又大又甜,还是刚来的,新鲜得很呢!"没想到老太太一听,竟扭头走了。

店主纳闷着,哎,奇怪啊,我哪里不对,得罪老太太了?

▲第二家店卖出了一斤

老太太接着来到第二家水果店,同样问:"有李子卖吗?"第二位店主马上迎上前说:"老太太,您要买李子啊?""嗯。"老太太应道。"我这里李子有酸的也有甜的,那您是想买酸的还是想买甜的?"店主回答。"我想买一斤酸李子。"老太太说。

于是,老太太买了一斤酸李子就回去了。

▲第三家店不仅卖出李子还卖出猕猴桃,并成常客

第二天,老太太来到第三家水果店,同样问:"有李子卖吗?"第三位店主马上迎上前说:"我这里李子有酸的也有甜的,那您是想买酸的还是想买甜的?""我想买一斤酸李子。"老太太说。

与前一天在第二家店里发生的一幕一样;但第三位店主在给老太太称酸李子时聊道:"在我这买李子的人一般都喜欢甜的,可您为什么要买酸的呢?""哦,最近我儿媳妇怀上孩子啦,特别喜欢吃酸李子。""哎呀! 那要特别恭喜您老人家快要抱孙子了! 有您这样会照顾的婆婆,可真是您儿媳妇天大的福气啊!""哪里哪里,怀孕期间当然最要紧的是吃好、胃口好、营养好啊!""是啊,怀孕期间的营养是非常关键的,不仅要多补充些高蛋白的食物,听说多吃些维生素丰富的水果,生下的宝宝会更聪明些!""是啊! 那哪种水果含的维生素更丰富些呢?""很多书上说猕猴桃含维生素最丰富!""那你这有猕猴桃卖吗?""当然有,您看我这进口的猕猴桃个大汁多,含维生素多,您要不先买一斤回去给您儿媳妇尝尝?"这样,老太太不仅买了一斤李子,还买了一斤进口的猕猴桃,而且以后几乎每隔一两天就要来这家店里买各种水果了。

点睛:

这三家水果店的店主代表了三种不同的销售人员,第一个店主是一个不合格的销售人员,只是一味地告诉客户自己的产品如何好,而不了解客户需要什么,不知道客户的购买信息。第二个店主是一个合格的营销人员,通过简单的提问基本了解了客户的信息,满足了客户的一般需要。而第三个店主可以说是一个优秀的销售人员,通过沟通,他完全知道了客户购买的内在需求的信息,他不仅仅了解和满足了客户的一般需求,而且还挖掘创造了客户的需求——需求背后的需求,在这个阶段,销售人员已经从以前的拼价格转向做客户信赖的顾问,帮助客户分析问题、解决问题,获得客户的信任,作为回报,就会获得客户的订单。这前提就是掌握客户真正的信息和需求。

在面对客户时,我们应该好好思考,如何更好地做到像第三家店主一样引导和创造需求。

企业必须提供顾客认为最有价值的利益,即真正解决顾客问题和满足顾客需求的产品和服务。如果企业站在顾客的角度来考虑问题,把"售货处"当作"购货处"甚至"使顾客心情舒畅的场所"来对待,那么就一定能创造并获得更多的需求。

三、市场信息采集的原则

(一)及时

信息具有强烈的时效性,适时地捕获和运用信息是一个关键环节。因为农产品经纪人的经营活动是受内外部的多种因素综合影响的,而且这种影响是复杂多变的,市场信息也是异常多变的,所以从信息的收集、存储看,错过一个机会,就会丢失一个信息,使完整的资料出现空白。因为不同时点上的信息都可能出现新的变量,而丧失一个有用的信息就有可能给经纪人的经营活动带来盲目性。从信息的加工、处理、应用来看,对信息掌握不及时,就不能作为企业管理决策的依据,经纪人就会丧失难得的机会,从而在竞争中处于不利的位置。所以,农产品经纪人在搜集信息、处理信息上要有紧迫感,以最迅速、最灵敏、最简捷的方法对信息进行采集、加工、传送和反馈。

(二)准确

农产品经纪人的经纪活动所信赖的信息必须是正确地、如实地反映客观实际的,否则经纪人就会在错误的信息前提下开展经纪活动,给委托人和自己带来损失。准确,一方面是质的要求,即真实地揭示客观实际,排除错误的杂质;另一方面是量的要求,即提高信息的精确度,明确数量界限,使信息明确,详细具体。要实现信息管理的准确原则必须从收集原始信息开始抓起,不让错误信息进入我们的经纪过程中,并且要在加工、处理、利用信息过程中,树立实事求是的观念,避免信息的失真。

(三)适用

农产品经纪人对信息进行的采集、加工、处理、传递,不是目的而是手段,信息的管理是为了掌握市场的正确信息,指导自己的经纪活动。因此在信息管理过程中,必须面向自己所经纪的范围内进行活动,搜集与自己的经纪活动有关的信息。一方面是强调有用性,即对经纪活动联系密切,对自己的工作有利;另一方面是强调针对性,即针对经纪活动或委托人的要求。

(四)经济

经济合理是信息管理的综合性原则,信息管理的及时性、准确性、适用性都是建立在这一原则基础上的。经济合理的原则要求:第一是信息的搜集、处理和传递应采取高效率低费用的方式和手段,加强信息管理活动本身的经济核算。在实际工作中,往往提高信息实效性会增加费用;降低费用又会影响信息的实效性。因此,在实际工作中,多总结经验,摸索潜在的规律,会收到较好的效果。第二,搜集信息本身是农产品经纪人在进行经纪活动过程中的一个组成部分,因此应该将信息管理放到经纪活动过程中加以评价,即信息管理劳动的付出,给经纪人带来更多的经济效益。信息是经纪人的重要资源,对它合理使用,有效管理,能给农产品经纪人带来良好的经济效益。

第二节 市场信息采集的内容

作为农产品经纪人,需要了解和掌握的信息多而广,为了有利于进一步掌握这些信息,我们将其进行了分类。根据农产品本身的特点,将信息分为三个部分:宏观信息,即市场外部的信息;中观信息,即行业环境信息;微观信息,即产品本身的信息。

一、宏观信息——市场外部环境信息

任何一项经济活动的开展,都离不开社会的宏观大环境。在计划经济体制时代,我国实行的是统购统销的政策,基本上不存在真正的市场,尤其是像粮食等农产品,根本无法流通。但是随着改革开放的深入,由计划经济体制转向市场经济体制,各种农产品价格被放开进入了市场,出现了农产品营销,农产品经纪人也应运而生了。

(一)政治与法律环境

在任何社会制度下,所有的经济活动都必定要受到政治与法律的规范、强制和约束。这种政治与法律环境(也可简称为政治环境),是由那些规范社会上各种组织和个人行为的法律、政府机构、公众团体所组成的。因此,农产品经纪人须时时刻刻感受到这些方面的影响,或者说,农产品经纪活动总是在一定的政治环境下运行的。政治环境具有较大的可变性,因而农产品经纪人必须及时把握有关的方针政策的变动,充分利用其变化带来的机会,并规避其带来的威胁,防止做出与政策、法规相抵触的活动。政治环境包括:①国家政治体制;②政治的稳定性;③国际关系;④法制体系,政府、企业、消费者的行为都需要用法律制度来规范。经济立法旨在建立并维护社会主义经济秩序(包括市场秩序),有些是为了保障所有权,有些是为了保护竞争,有些是为了保护消费者利益,有些是为了保护社会的长远利益。每一项新的法令法规的颁布,或者原有法令法规的修改,都会影响企业的营销活动。如合

同法、商标法、专利法、食品卫生法、广告法、大气污染防治法、消费者权益保护法、反不正当竞争法、海关法以及对转基因食品、动植物检疫和种子等相关的立法,都极大地影响着农产品的营销。

(二)经济环境

1.社会购买力因素

经济方面最主要的环境力量是社会购买力。一定时期社会各方面由于购买产品(包括劳务)的货币支付能力,即社会购买力,是构成市场的要素之一。因为市场规模(指现实商品需求与潜在商品需求的规模)的大小,归根到底取决于社会购买力的大小。所以,产品的营销活动必然会受到社会购买力发展变化的影响和制约。农产品经纪人应密切注视由于社会购买力的增减变动所带来的机会或威胁。

社会购买力是由一系列经济因素决定的。总的讲,社会购买力的大小取决于国民经济的发展水平以及由此决定的国民平均收入水平。经济发展快,人均收入高,社会购买力大,营销机会就会随之扩大;反之,经济衰退,市场规模缩小,则会给营销带来威胁,迫使许多生产经营不得不缩小规模。

社会购买力的实现与市场供求状况密切相关。市场商品供求状况包含着总量的比例和结构的比例,两者对企业均发生着明显的影响。通常情况下,营销活动中较直接感受到的是市场商品供求结构比例的影响。也就是说,对于生产或经营某类产品的企业来看,该产品在市场中供求平衡程度,会给企业带来显而易见的影响。当某种产品在市场上处于供不应求的状况时,生产量的扩大和销售量的增加就相对容易得多;而在市场上处于供过于求状况时,生产者所承受的外部压力则大得多。例如,在我国由于农业产业结构的不合理,科技含量低、品质差、品种落后的农产品过多,而品质优、口感好、无污染的农产比重低,而且还存在品种花色单一,特色农业产品少等现象,如三元杂交猪供不应求,普通猪价格下跌。

2.消费者的收入与支出

消费者收入,是指消费者个人从各种来源所得到的货币收入,通常包括个人的工资、奖金、其他劳动收入、退休金、助学金、红利、馈赠、出租收入等。消费者收入主要形成消费资料购买力,这是社会购买力的重要组成部分。而且由于生产资料需求是由消费资料需求引发、派生出来的,因而对生产经营生产资料的企业的营销活动也会产生重大影响。消费者收入的多少还影响着消费者的支出行为模式。

消费者收入并不全部用于购买产品。对企业营销来说,有必要将消费者个人收入区别为个人可支配收入和可任意支配收入。个人可支配收入,是指个人收入减去直接负担的各项税款(如所得税等)和非税性负担(如工会会费、交通罚款等)之后的余额。做了这种扣除后,消费者收入才成为消费者个人可以支配的收入,或者用于消费支出,或者用于储蓄。可任意支配收入,是指个人可支配收入减去维持生活所必需的支出(如食品、衣服、住房)和其他固定支出(如分期付款、学费)所剩下的那部分个人收入。这部分收入是消费者可以任意支配的收入,因而是影响消费者需求构成最活跃的经济因素。这部分收入越多,人们的消费水平就越高,对于购买高档和非必需的商品的可能性也就越大。例如生活必需的农产品的需求情况,可考察当地居民的可支配收入,而非生活必需品(如进口高档水果等)的需求情况,则要看社会的可任意支配收入。

3.消费者支出模式的变化

消费者收入的变化直接影响消费者支出模式的变化。德国统计学家恩斯特·恩格尔提出的"恩格尔定律"对此曾作过描述。根据恩格尔的观点以及后人的修正,这个定律的主要内容是:一个家庭收入越少,其总支出中用来购买食物的比例就越大;随家庭收入增加,用于购买食物的支出占总支出的比例下降,而用于其他方面的开支(如通讯、交通工具、娱乐、教育、保健等)和储蓄所占的比重将上升。

(三)社会文化环境

在我们所面临的诸方面环境中,社会文化环境是较为特殊的,它不像其他环境因素那样显而易见与易于理解,却又无时不在地深刻影响着农产品的营销活动。无数事例说明,无视社会文化环境的营销活动必然会陷于被动或归于失败。

但在这里,则主要是指那些在一定物质文明的基础上,在一个社会、一个群体的不同成员中一再重复的情感模式、思维模式和行为模式,包括人们的价值观念、信仰、态度、道德规范和民风习俗等等。正是这些看不见、摸不着的文化因素,构成了产品营销的文化环境。

文化是影响人们欲望(包括消费需求欲望)、行为(包括消费行为、购买行为)的基本因素之一。任何人都在一定的社会文化环境中生活,他认识事物的方式、行为准则和价值观念等都会区别于不同社会文化环境中的人们。因此,农产品经纪人要掌握的社会文化环境的信息包括教育水平和人口素质(即劳动者的素质)、语言、文化传统、宗教、社会心理等。

(四)技术环境

技术环境对农产品的影响表现在:

第一,科学技术的发展缩短了产品的生命周期,一种新技术常常引起与此相伴随的新产品的出现。表现在:①利用基因工程技术改良作物性状,获得抗病毒、抗虫、抗除草剂以及改变营养成分的转基因植物。②利用分子生物学技术获得优良品种,进行基因变态性分析,杂种优势鉴定、种子纯度鉴定、突变体鉴定等,因此对于植物育种作用巨大。

第二,新技术的不断发展使农林产品的生产成本降低,抵御自然风险的能力增强,如在美国等发达国家中,计算机在果园施肥中扮演着重要角色,计算机依据土壤分析和叶片分析结果,结合果园历年的产量和果树生长发育规律,计算出施肥的最佳配方和最佳时期,大大提高了水果的产量,并且运用计算机还可以对病虫害进行监控和防治。因而劳动密集型产业面临的压力增加,发展中国家劳动力费用低廉的优势在国际经济联系中将被削弱。我国农业基本是劳动密集的小农经营方式,机械化程度低,因此竞争压力增加。

第三,新技术引起经济结构的变化,引起新的产业部门的出现,如信息产业。

第四,新技术可引起市场营销策略的变化,有利于企业改善营销管理水平,对4P's产生重大影响,如使农产品分销渠道更多样化,出现传统店面和网络营销并存的局面。

第五,新技术革命对消费者购买行为也产生影响,如电视购物、网上购物等。

总的说来,农产品经纪人应当从上述诸方面把握住科学技术的发展对农产品经营带来的深刻影响。应密切关注所在领域和相关领域的技术环境的发展变化,分析其对农产品经营所产生的具体影响,以利于及时调整自己的营销方案;并以技术进步为契机不断开发出新的产品,使自己的经纪活动长久地保持兴旺发达。

关注技术环境,最重要的是应看到:任何一种新技术的出现都可能引出新的行业,为企业带来发展的机会;也可能使采用旧技术的行业衰落下去,给企业的生存带来威胁。例如,克隆技术、转基因技术、遗传育种技术的应用,加快了新品种的推出,这些新品种给农户和企业提供了很好的市场机会,同时,也对那些经营种植老品种,尤其是低产、质劣品种的农产品企业来说则是一种严重的威胁。

(五)自然环境

自然环境是指一个国家或地区的客观环境因素。自然环境主要有:自然资源、气候、地形、地质(山区或平原)、地理位置(沿海、内地,城市、乡村,离交通干线的远近等)。

二、中观信息——行业环境信息

一个行业存在着五种基本竞争力量,即现有企业之间的竞争、替代品的威胁、潜在加入者的威胁、购买者讨价还价的能力和供应者讨价还价的能力。

农产品经纪人要掌握来自这五个方面的信息,如图 3-1 所示。

下面,我们以苗木行业为例来分析竞争状况。

随着我国国民经济的迅速发展和人民生活水平的大幅度提高,改善生活环境,提高生活质量成为新的时尚,植树造林、绿化环境的要求日益高涨,从而带动了园林绿化苗木行业的快速发展,由于利润可观,各种苗木企业如雨后春笋般蓬勃发展起来。我国成功加入世界贸易组织和北京赢得 2008 年奥林匹克运动会举办权的双重利好,进一步推动了园林绿化苗木市场的快速发展。下面试图对园林绿化苗木的行业竞争状况进行简要分析,供行内同仁参考。

按照迈克尔·波特(美国哈佛大学教授)的理论,有 5 种竞争力量影响行业的竞争状况,这 5 种力量是:同行业竞争者、潜在的新参加的竞争者、替代产品、购买者和供应商。这 5 种竞争力量对行业内的竞争者是 5 种威胁。

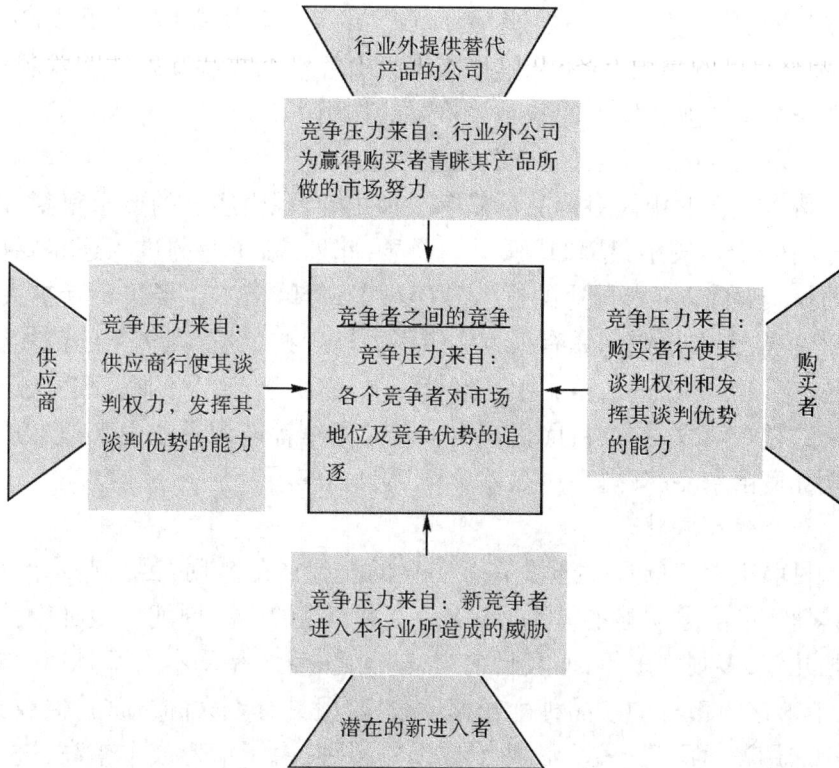

图 3-1　五种竞争力量模型

1.同行业竞争者的直接竞争

总的来说,园林绿化苗木行业同行业竞争相当激烈,苗木企业的集中度高。由于园林绿化企业的产品主要面向城市绿化美化,所以绝大多数苗木企业都建在城市近郊和交通方便、离城市不远的地方。产品差异小,目前绝大多数企业都是经营速生的种类,如各种杨树、柳树、泡桐、黄杨、各种槐树和其他速生、易繁殖的观赏乔、灌木树种等,各个苗木企业之间经营的苗木种类差异不大,原因是这些树种生长快,市场需求量大,利润丰厚。此外,这些苗木产品虽然固定成本较大,一般需要较好的土地和育苗设施,但它们的转换成本很低。竞争者多样化,有私营企业、各种层次的国有企业,还有外资企业。苗木企业的退出障碍较小,企业比较容易从行业中以转产的形式退出,从苗木生产转向农产品生产。因此,要在激烈竞争中取胜,一个苗木企业需要开展良种苗木

(品牌)的研发,提高产品性能,创立自己的新、特、优品牌,降低生产成本,加强营销宣传,加强服务等措施来吸引客户。提供良好的技术服务对未来苗木企业的发展起着至关重要的作用。

2.新进入者的竞争(竞争程度)

苗木生产的规模对产品价格有很大影响,规模经济的要求很高,而且产品的差异较小,品牌特征不很明显,此外,新企业的进入还需要很大的投资,所以苗木行业的进入障碍很大,但因苗木市场仍不断扩大,利润可观,苗木行业仍具有很大的吸引力。现在,尽管许多新的苗木企业还在不断产生,进入苗木生产经营领域,但由于苗木行业受政府激励政策的影响较大,导致目前仍有很多新的竞争者进入行业中来,并力图建立优良苗木品牌,提高产品差异,增强竞争实力。

3.替代品威胁

目前苗木市场暂时还没有太明显的替代产品威胁,因为苗木产品与其他产品有着明显的差别,那就是苗木产品的生产周期一般都很长,少则几年,多则十多年,而且目前市场上的主流产品基本上都是速生树种,能够进入市场的新品种生长速度较慢,但具有更大的观赏价值或其他特殊用途,而且这些生长速度较慢的树种,由于培育成本较高,进入市场的价格也会较高。此外,一个新的品种也需要经过前期的小规模试验之后再推广,才能降低风险。因此,目前园林绿化苗木市场的替代产品威胁不大。

4.顾客购买能力

由于近年来城市绿化美化工程和公路建设项目的蓬勃发展,拉动了国内对园林绿化苗木产品的需求。目前,苗木产品的主要顾客群集中在主要的大中城市及其相关的道路工程,集中度较高,苗木产品差异不大,购买者选择产品的余地很大,因此,苗木生产商需生产独具特色的优质苗木产品供应市场,也就是开发新的苗木品种。

5.供应商供应能力

苗木生产所需要的条件包括用于建立苗圃的土地、培育苗木的林木种子或其他繁殖林料如接穗、插穗等,以及必要的管护设施如灌溉条件等。其中最重要的是土地,土地供应商几乎全部是城市郊区的农村集体单位或农户,因此供应商相对集中,许多农民由于种粮食或蔬菜的利润没有苗木高,所以都愿意将自己的土地出让用来生产绿化苗木。然而,因为土地供应量总是有限的,而苗木生产企业的数量还在迅速增长,所以导致土地的价格越来越高,虽然远郊或者边远农村的土地更便宜,但苗木生产以及销售时的运输成本就会提高。因此,苗木生产所需的土地的限制,会使后进入行业的企业生产成本提高。而且土地的差异也很大,如土壤肥力、土层厚度、酸碱度、排水状况、交通条件等都有很大的差别,苗木企业的生产成本也会因此而产生很大的差异。一般地,市场进入得越早的企业,就越能得到低价优质的生产用地,从而降低生产成本,反之则不然。

综上所述,目前我国苗木市场竞争的主要威胁来自行业内企业之间的直接竞争。虽然苗木行业的进入壁垒很高,但由于退出容易,以及日益扩大的购买市场,进入苗木行业的生产商仍然在增加。但多数苗木生产商目前的产品差异很小,而且生产商集中度很高,因此,需要谋求产品的创新,不断推出新的优质苗木品种,建立新、奇、特品种资源研发和生产基地成为亟需解决的突出问题。由于苗木生产商数量越来越多,而且较为集中,产品信息的流通和管理,市场的规范与法制化管理也成为行业需关注的重要议题。虽然目前苗木行业是百舸争游的时期,预计经过一些年的市场洗礼,优胜劣汰,苗木市场必将规范化,竞争秩序合理化,形成新的格局。经过整合、合并以及资产重组,少数大型苗木企业将以优质品种、特色和服务立足,在激烈的竞争中生存下来,不断发展壮大。

三、微观信息——产品本身的信息

农产品经纪人对于经纪产品从广度和宽度上都要有较深的认知,这是从事经纪工作的基础。这些信息主要包括:

(1)农产品的主要产地及生产特点。农产品地域性很强,我国幅员辽阔,农产品种类丰富多样。作为农产品经纪人,应该多掌握农产品的分布概况、具体产地、交通状况等基本地理知识。必要的时候,还要对国外相关的农产品分布情况加以了解和熟悉,以扩大经纪空间。

(2)农产品的加工、储藏、运输。农产品大多有个保存期限问题,怎样包装、储藏、运输才可以使农产品保持原样,也是个关键的问题。

（3）农产品的安全、营养、保健功能。作为农产品经纪人，还应根据本行业经纪项目的特点，了解相关的安全卫生知识，使自己经纪的农产品符合食用、使用的标准；能正确地运用相关的工具，防止意外事故的发生。如果是食品，同时还要掌握经纪项目的营养和保健功能。

（4）农产品的质量检验、选购方法。比如对某项农产品应如何去分辨优劣，怎么鉴定等级，具体的质量要求指标怎么掌握。经纪人应掌握这些问题的处理方式，使自己的经纪工作顺利进行。

（5）农产品适宜使用的人群以及不适宜使用的人群。

第三节　市场信息采集的途径和方法

一、信息采集的途径

一般来说，信息采集的途径主要有：

1.从市场中获得信息

市场中的信息杂乱而繁多，什么是准确的信息，什么是没用的或是错误的信息呢？这需要有一定的信息辨析、筛选能力，从纷繁无序的信息中归纳出对自己有用的信息，实属不易，在这其中，经验可以起到非常重要的作用。

2.从公共部门获得信息

这里指的是从政府、主管部门获得信息的途径，政府和主管部门属于公共部门，这些部门会经常发布各种较权威的信息，我们可以从这些地方获得所需要的信息。

3.从新闻媒体获得信息

新闻媒体的信息包括新闻和广告，来自于新闻媒体发布的信息可信度较高，而广告信息的可信度相对较低，这需要我们去辨析。

4.从行业协会获得信息

行业协会里有该行业的最新、最全的信息，农产品经纪人要依靠行业协会来掌握信息。

5.从亲属、朋友获得信息

这方面的信息较可靠，但面较窄。

二、信息采集的方法

信息采集的方法很多,我们系统地来考虑这一问题,归纳起来有以下几种。

(一)询问法

询问法是指调查者通过口头、电讯或书面方式向被调查者了解情况、搜集资料的调查方法。按调查与被调查者接触方式的不同,可分为面谈调查、邮寄调查、电话调查、留置调查和日记调查。

1. 面谈调查

面谈调查就是调查人员同被调查人员面对面接触,通过有目的的谈话取得所需情况资料的调查方法。

面谈调查可以采用个别访问或集体座谈的方式进行。

面谈调查的不足之处主要是所花调查力量和费用支出较大,对调查人员的要求较高,调查结果的质量往往受调查人员的工作态度、调查技术熟练程度和心理情绪等因素的影响。

2. 邮寄调查

邮寄调查就是将调查表(问卷)邮寄给被调查者,由被调查者根据调查表的要求填妥后寄给调查者的调查方法。

优点:调查所需的人力和经费较省,被调查者有充实的时间回忆和思考问题,可以从容作答,可避免面谈调查中被调查者的回答受调查人员的态度、情绪的影响。

缺点:调查表的回收率较低,回答的内容可能不全,可靠程度难以评价,发现差错无法当面澄清。

3. 电话调查

通过电话向被调查者询问调查内容和征求意见的调查方法。

优点:取得市场信息最快,时间节省,回答率较高。在市内调查,费用较省。

缺点:不易取得被调查者的合作,搜集不到所需信息。

4. 留置调查

通过调查人员将调查提纲当面交给被调查者,并详细说明要调查的目的要求,由被调查者事后自行填写回答,再由调查人员约定日期收回的调查方法。

这种方法是介于面谈调查和邮寄调查之间的一种折中调查方法，它吸收了两者的长处，克服了两者的缺点。但是受调查地域的限制，调查费用较高。

5.日记调查

日记调查就是对连续进行调查的固定样本单位(户)，发给登记簿或账本，由被调查者逐日逐项进行记录，可以按照调查项目和要求，采取记载"调查日记"的调查方法。

(二)观察法

观察法就是由调查人员在现场对调查对象的情况直接进行观察记录，取得第一手资料的调查方法。这种方法的特点是调查人员不直接向被调查者提出问题要求回答，而是凭借自己的感觉或利用其他仪器(如相机、录音机、录像机等)对调查对象的活动和现场的事实加以考察记录。

优点：可以客观地搜集、记录被调查者的人或事物的现场情况，结果真实可靠。

缺点：①所要调查的问题只能在发生的现场观察到，因而需要进行较长时间的观察才能取得调查结果。②对于被调查者内在的因素变化，如消费者的心理、购买动机、对产品的态度和偏好等，不一定能观察出来。③观察法费时，调查费用高，对调查人员的业务技术要求也较高。

(三)实践法

就是在给定条件下，通过试验对比，对市场经济中某些变量之间的因果关系及其发展变化过程加以观察分析的调查方法。

如对某种商品调整价格，可以用实践法，先在较小范围内进行试验，藉以观察价格提高或降低对商品销售量的影响程度及各有关方面的联系，作为在大范围内合理调整价格的依据。此外，如调查广告、商品陈列的效果、产品包装等对销售的影响，了解某种新产品的需求情况等，都可以运用实践法。

优点：可以有控制地分析观察某些市场变量之间是否存在着因果

关系,以及自变量的变动对因变量的影响程度。可以排除主观估计的偏差,在定量分析上具有较重要的作用。

缺点:由于市场某个经济变量的影响因素是错综复杂的,这些因素不可能控制,只能凭经验分析加以区别,这在一定程度上会影响到实验效果的评价。实验所需时间较长,费用较大,而且包含一定的风险。

(四)互联网搜索法

互联网有容乃大,无所不包,诸如电子商务、信息致富、教科文和无数待开发的宝藏,取之不尽,用之不竭,惠及国计民生的方方面面。与精英荟萃的科学技术或实业不同,以民为本的互联网没有行业、资历限制,门槛低,可操作性强,有太多该做、可做的事,人人大有可为,也必然会人人获益匪浅。

优点:互联网中的信息多而全,涉及面广,且较容易搜集,成本也低。

缺点:需要信息搜集者有一定的文化基础,能使用电脑,能用搜索工具,同时需要有信息处理能力,对繁多的信息能去伪存真,找到自己真正需要的信息。

思考题:

1.什么是市场信息? 有什么特点?

2.采集市场信息时应遵循什么原则?

3.市场外部的环境信息包括哪些?

4.行业有哪些基本竞争力量?

5.农产品经纪人需要掌握哪些农产品信息?

6.市场信息采集的途径有哪些?

7.市场信息采集有哪些方法?

第四章　农产品营销

第一节　农产品的产品策略

一、农产品生命周期及各阶段的特点和营销策略

一件新产品自开发过程结束，从投入市场开始到被淘汰为止，均有一个投入、成长、成熟至衰退的过程，这一过程被称为产品生命周期。农产品也不例外，新产品或新品种不断产生，老产品或老品种不断被淘汰。产品生命周期包括导入期（介绍期）、成长期、成熟期、衰退期。不同时期所产生的利润是不同的，如图 4-1 所示。

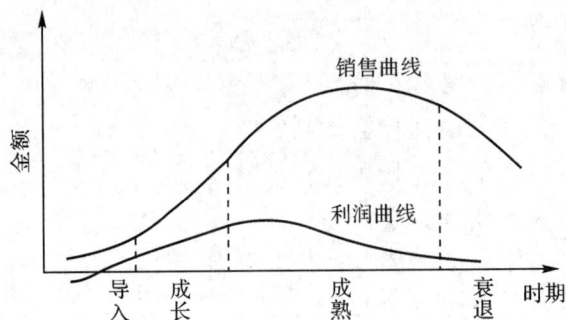

图 4-1　产品生命周期与利润曲线

（一）导入期

1. 特点

导入期指新产品或新品种首次正式上市的最初销售时期。这个阶段的市场营销特点是：消费者对该产品不了解，大部分顾客不愿放弃或改变自己以往的消费行为，销售量少，相应地增加了单位产品成本；尚

未建立最理想的营销渠道,还没有建立高效率的分配模式;价格决策难以确立,可能限制了购买,也可能难以收回成本,广告费用和其他营销费用开支较大;产品技术、性能还不够完善;利润较少,甚至出现经营亏损。因此,在这个阶段经营者承担的市场风险最大;由于开发研制及市场预测失误,许多新产品在这个阶段夭折;但这个阶段市场竞争较少,若建立有效的营销系统,为每一个营销组合变量,如价格、促销、渠道、产品制订有效策略,即可将新产品或新品种快速推进导入期,进入市场发展阶段。根据上述特点:导入期一般有四种可供选择的策略。

2.导入期的营销策略——"短"

(1)快速撇脂策略:这一策略的特点是用高价格和高促销费用推出新产品及新品种。实行高价格是为了在每一单位销售额中获取最大的利润,高促销费用是为了引起目标市场的注意,加快市场渗透率,尽快占领市场。成功地实施这一策略,可以赚取较大的利润,尽快收回开发时的投资。但是这一策略只有在下列条件下才能实行:需求潜力大;顾客求新心理强;了解产品的人愿付高价;有潜在的竞争威胁;公司欲形成品牌偏好。

(2)快速渗透策略:这一策略的特点是高价格低促销费用将产品导入市场。高价格和低促销水平两者结合,可使经营者获得更多利润。这一策略的实施条件是:市场规模大;市场不了解产品;顾客对价格敏感;潜在竞争激烈;有规模效应或经验曲线效应。

(3)缓慢撇脂策略:即经营者以低价格和高促销费用推出新产品和新品种("低价"也可视为某种促销手段)。目的在于先发制人,以最快的速度打入市场,该策略可给经营者带来最快的市场渗透率和最高的市场占有率。这一策略的实施条件是:市场规模有限;大部分顾客了解产品;顾客愿付高价;无激烈竞争。

(4)缓慢渗透策略:即经营者以低价格和低促销费用推出新产品或新品种。低价是为了促使市场迅速地接受新产品,低促销费用则可实现更多的净利。这一策略的实施条件是:市场规模大;顾客了解产品;顾客对价格敏感;存在竞争对手。

(二)成长期

1.特点

消费者对新产品或新品种已经熟悉,销售量增长很快;由于大规模的生产和丰厚的利润机会,吸引大批竞争者加入,市场竞争加剧;产品已定型,技术工艺和关键设备均比较成熟,建立了比较理想的营销渠道,市场价格趋于下降;为了适应竞争和市场扩张的需要,经营者的促销费用水平基本稳定或略有提高,但占销售额的比率下降;由于促销费用分摊到更多销量上,单位生产成本的下降快于价格下降,由此,利润将逐步抵达最高峰。

2.成长期的营销策略——“快”

(1)改进产品:根据用户需求和其他市场信息,不断提高产品质量,努力发展产品的新品种,增加产品的新用途。

(2)转变促销:加强促销环节,树立强有力的产品形象。促销决策应从以建立产品知名度为中心转移到以树立产品形象为中心,主要目标是建立品牌偏好,争取新的顾客。

(3)改进渠道:重新评价渠道选择决策,巩固原有渠道,增加新的销售渠道,开拓新的市场,扩大产品销售。

(4)调整价格:在价格决策上,应选择适当的时机调整价格,以争取更多顾客。

(三)成熟期

1.特点

销售增长率的下降,使全行业产品出现过剩,不可避免地会加剧竞争,一些缺乏竞争能力的经营者将逐渐被取代,新加入的竞争者则较少,竞争者之间各有自己特定的目标顾客,市场份额变动不大,突破比较困难,为了维持已有的市场地位,经营者常常采用低价格、高促销费用的策略,因而利润有可能下降;即便销售量仍在增加,利润额也不能保持增长势头。

2.成熟期的营销策略——“长”

(1)市场改进策略:寻找新的细分市场,使产品进入尚未使用本产品的市场;刺激现有顾客,增加使用频率;发展产品的新用途,即不改变产品的特性、质量、功能而发展的新用途。

（2）产品改进策略：品质改进；性能改进；款式改进。

（3）市场营销组合改进策略：营销组合改良，是指通过改变定价、销售渠道及促销方式来延长产品的市场成长期和成熟期。一般是通过改变一个因素或几个因素的配套关系来刺激消费者的购买欲或扩大消费者的购买量。

（四）衰退期

1.特点

产品销售由缓慢下降变为迅速下降，消费者的兴趣已完全转移或持币待购，期待着新产品上市；经过成熟期剧烈的竞争，价格已下降到最低水平；多数经营者无利可图，被迫退出市场，留在市场上的经营户，则被迫逐渐减少产品附带服务，削减促销预算等，以维持最低水平的经营。

2.衰退期的营销策略——"转"

（1）集中策略：即把资源集中使用在最有利的细分市场、最有效的销售渠道和最易销售的品种、款式上。概言之，缩短战线，以最有利的市场赢得尽可能多的利润。

（2）维持策略：即保持原有的细分市场和营销组合策略，把销售维持在一个低水平上。待到适当时机，便停止对该产品的经营，退出市场。

（3）榨取策略：即大大降低销售费用，如广告费用削减为零、大幅度精减营销人员等，以增加眼前利润。这样做，销售量有可能迅速下降，因而通常作为停产前的过渡策略。

第二节　农产品的价格策略

一、农产品价格的特点

农产品价格有其自身特点、变动规律。了解农产品价格的变动规律，了解农产品价格的变动因素，是运用价格手段进行农产品促销工作的基础。农产品价格与工业品价格相比，有以下特点：

1.变动频繁

在市场经济条件下,商品价格始终是一个变数。农产品价格变动频繁,甚至一天之内变动数次,是农产品价格的突出特点。不少农产品具有鲜活性,决定其价格变动的频繁性,如蔬菜、水产品、肉蛋等农产品,刚上市时鲜活,则价格较高;到了下午和晚上新鲜度降低,活产品成了死产品,则价格降低。非农产品的价格虽然也有变动,但大多数是以年度或季度为周期发生变化的,没有像农产品这样频繁变动。

2.变动幅度大

一般商品价格变动,是围绕着价值上下变动,短期内变动幅度不会很大。而农产品价格显现出大幅度变动的特点,其原因是农产品生产有季节性,会出现季节性的大幅度变动;农产品有其生物学特性,随着时间的推移,多数农产品质量会发生明显变化,如果不及时销售出去,就可能完全失去使用价值。因此,同样的农产品,在不同年份、不同季节、不同时辰的销售价格会有很大的变化,经常会出现大起大落的现象。

3.地区差异大

农产品的生产大多数与土质、气候等自然条件有密切的关系。如南方可以种植生产茶叶,北方则不能;北方可以种植生产人参,南方则不能;新疆可以种植生产无核葡萄和哈密瓜,其他地区则生产不出来;羊毛大多数产在北方,蚕茧则大多数产在南方等等。还有些农产品虽然在不同地区都可以生产,但生产成本则有很大差别。由于以上原因,造成不少农产品销售价格在地区之间有很大的差异性。

4.低价位性

低价位性是指单位农产品的价格低,很少会出现消费者买不起的情况。因此,农民生产农产品,即使生产的数量较大,而实际收入并不多。与此相伴的是一般农产品没有"时尚"、"流行"等问题,利润水平不会很高,因此,基本没有暴利可言。农产品的低价位特点,有时还表现为销售价低于生产成本,使得生产者生产得越多,赔钱也就越多。

二、农产品价格的变动规律

农产品市场价格是经常变动的,但这种变动又是有规律可循的,这就是农产品价格的季节变动规律和周期变动规律。

1. 季节变动规律

农产品价格随季节变动的规律性主要是由农产品季节性生产规律所决定的。农产品生产直接受季节影响,春夏秋冬不同季节分别有不同的农产品上市。在一般情况下,春天,南方可生产收获春稻,北方则没有粮食产出。我国南方不少地区春天可生产出各种蔬菜,但北方只能生产菠菜、小白菜等蔬菜。夏天,是全国夏粮的主要生产季节,同时南方生产出多种水果,而北方只有桃、杏、草莓等早熟水果。秋天,是全国收获的黄金季节,各种蔬菜、瓜果、粮食、油料作物等相继收获上市,北方的羊毛、羊皮、牛皮等也大量生产出来。冬季,虽然生产的农产品较少,但海南等地的蔬菜仍正常生产并销往全国,北方除靠大棚生产一些蔬菜、瓜果外,大多是一些土特产可收获。综观农林牧副渔各种产品,绝大部分都表现出季节性变动的规律。

农产品生产具有季节性,而人们的消费却是常年性的,因此,使农产品的价格随季节不同而变动。一般来说,迎季农产品供应量大,价格相对较低;过季农产品需要储存与加工,且供应量小,价格相对较高。我国北方农产品生产者在利益的驱动下,为改变农产品生产的季节性,在冬季建立大棚生产鲜菜、鲜果、鲜花等,在一定程度上改变种植业产品生产的季节性。虽然成本较高,但其价格也高,收入仍可观。这是成功利用农产品价格季节变动规律的典型。农产品价格的季节变动规律对农产品生产者的利益有很大影响,因此,生产者应当提高农产品生产的技术含量,不断培育新品种,改进生产技术,改善储存条件,调整农产品上市时间,争取早上市或晚上市,以取得良好的经济效益。

2. 周期变动规律

农产品的生产和收获具有周期性,这决定了农产品价格变动带有周期性。无论是种植业还是养殖业的农产品,大多数都在这种规律作用下生产经营。农产品价格循环周期变动,是指市场价格发生变动引起需求量变动,而农产品生产不能立即作出反应,只有等到下一个生产周期才能调整生产,调整了之后可能又会出现新一轮的变动,如此周期性地循环。造成农产品价格循环周期变动的原因主要有三个:

第一,农产品生产周期相对长,不可能像工业品那样根据市场供需状况和价格信号来立即调整生产结构和生产量,改变市场供需状况。

第二,当前大多数农产品还是由亿万分散的农户进行生产的,这种小生产与大市场的格局,使生产结构和生产数量难以迅速适应市场需求的变化。

第三,当前大多数农民仍处于封闭状态生产经营,还没有养成以市场为导向的经营观念,搜集不到市场供需变化的准确信息,只凭直观感觉决策,往往是某种农产品当年市场价格高,下一年便一哄而上;当年市场价格低,下一年又一哄而下,使生产总是滞后于市场供需。

根据农产品价格循环周期变动趋势,广大农产品生产者一定要重视市场供需变化状况,掌握准确的信息,科学安排自己的生产,避免生产的大起大落。有人总结出农产品的生产应当"赚钱产品的生产不要赶,赔钱的产品生产不要丢"的经验,这是很有道理的。广大农产品生产者和经营者,一定要认清农产品价格的季节性变动和循环周期变动的规律,适时、适量安排生产,以争取价格竞争的主动权。

三、影响农产品定价的因素

影响价格变动的因素主要有两个方面,一是农产品生产者和经营者外部因素,主要包括社会劳动生产率、市场的供求关系、社会经济状况、顾客需求、竞争者行为、市场结构、政府干预;二是农产品生产者和经营者内部因素,主要有产品成本、产品特征、销售渠道与促销宣传、整体营销战略与策略。但是对于农产品来说,目前影响价格变动的因素,主要有以下几方面:

(一)国家经济政策

虽然国家直接管理和干预农产品价格的种类已经很少,但是国家政策,尤其是经济政策的制订与改变,都会对农产品价格产生一定的影响。

1.国民经济发展速度

我国自改革开放以来,整个国民经济发展速度加快,每年以8%左右的速度递增。其中,工业与农业生产发展速度是国民经济的最基本部分,两者发展中的比例直接影响到农产品价格。如果工业增长过快,农业增长相对缓慢,则造成农产品供给缺口拉大,必然引起农产品价格上涨;相反,如果农产品数量增长过快,供给加大,则农产品价格下降。

2.国家货币政策

国家为了调整整个国民经济的发展,经常通过调整货币政策来调控国家经济。其表现为:如果放开货币投放,使货币供给超过经济增长,货币流通超出市场商品流通的需要量,将引起货币贬值,农产品价格上涨;如果为抑制通货膨胀,国家可以采取紧缩银根的政策,控制信贷规模,提高货币存贷利率,减少市场货币流量,农产品价格就会逐渐回落。多年来,国家在货币方面的政策多次变动,都不同程度地影响农产品的价格。

3.国家进出口政策

国家为了发展同世界各国的友好关系,或者为了调节国内农产品的供需,经常会有农产品进出口业务的发生,如粮食、棉花、肉类等的进出口。农产品的进出口业务在我国加入WTO之后,对农产品的价格会带来很大影响。

4.国家或地方的调控基金的使用

农产品价格不仅关系到农民的收入和农村经济的持续发展,还关系到广大消费者的基本生活,因此国家或地方政府就要建立必要的稳定农产品价格的基金。这部分基金如何使用,必然会影响到农产品的价格。

除上述之外,还有其他一些经济政策,如产业政策、农业生产资料供应政策等,都会不同程度地影响着农产品的价格。尤其是我国加入WTO之后,农产品价格发生了较大变化。

(二)农业生产状况

农业生产状况影响农产品价格,首先是指我国农业生产在很大程度上还受到自然灾害的影响,风调雨顺的年份,农产品丰收,价格平稳;如遇较大自然灾害时,农产品歉收,其价格就会上扬。其次,我国目前的小生产与大市场的格局,造成农业生产结构不能适应市场需求的变化,造成农产品品种上的过剩,使某些农产品价格发生波动。再次,就是农业生产所需原材料涨价,引起农产品成本发生变化而直接影响到农产品价格。

(三)市场供需

绝大部分农产品价格的放开,受到市场供需状况的影响。市场上农产品供求不平衡是经常的,因此必然引起农产品价格随供求关系的变化而变化。尤其是当前广大农民对市场还比较陌生,其生产决策总以当年农产品行情为依据,造成某些农产品经常出现供不应求或供过于求的情况,其结果引起农产品价格发生变动。

(四)流通因素

自改革开放以来,除粮、棉、油、烟叶、茶叶、木材以外,其他农副产品都进入各地的集贸市场。因当前市场法规不健全,导致管理无序,农副产品被小商贩任意调价。同时,农产品的销售渠道单一,流通不畅通,也在客观上影响着农产品的销售价格。

四、农产品差价

农产品差价是指同一种农产品在流通过程中,由于地区、季节、质量和运转环节的不同而形成的价格差额。它一般分为地区差价、季节差价、质量差价、购销差价和批零差价五大类型。

(一)地区差价

地区差价是指同一种农产品,在同一时期、不同地区的销售价格或收购价格的差异。形成地区差价的原因主要有三个:一是不同地区由于自然经济条件不同,造成农产品生产成本的差异;二是补偿经营者组织农产品调运所耗费的流通费用引起的差异;三是经营者在经营农产品的活动中应取得一定的合理利润。地区差价的存在,可以增强经营者长途贩运农产品的积极性,从而有利于农产品从产区流向销区,调节地区之间的余缺。

(二)季节差价

季节差价是指同一种农产品,在同一地区、不同季节的销售价格或收购价格的差异。产生季节差价的原因有三个:一是旺季产品供应增多,淡季产品供应减少,使市场供求发生变化;二是对商业部门为保证均衡供应所进行贮存加工引起的耗费实行补偿;三是有些常年生产的产品(如畜产品)因季节不同所耗费的生产成本不同而导致差异。季节差价的出现,有利于调节淡旺季生产者的收益,有利于提高经营者贮存农产品的积极性,保证市场均衡供应,也有利于调节供求,指导消费。

如根据农业部发布的信息,2006上半年水产品市场走势情况分析如下,综合价格指数同期比逐月走低,各类别走势基本相同。与上年同期相比,2006年1月份综合价格指数为1.08,2、3月份价格指数出现了快速回落,4月份和上年同期水平持平,进入5月份已经低于上年同期水平,并于6月份创出上半年新低。海水产品和淡水产品综合价格指数都走出了逐月下降的趋势,在6月份都创出了上半年最低,其中海水产品综合价格同期指数为1.0157,淡水产品综合价格同期指数为0.9549。从综合平均价格看,上半年综合平均价格为13.21元/kg,其中1月份最高为13.63元/kg,最低出现在3月份为12.87元/kg,如图4-2所示。

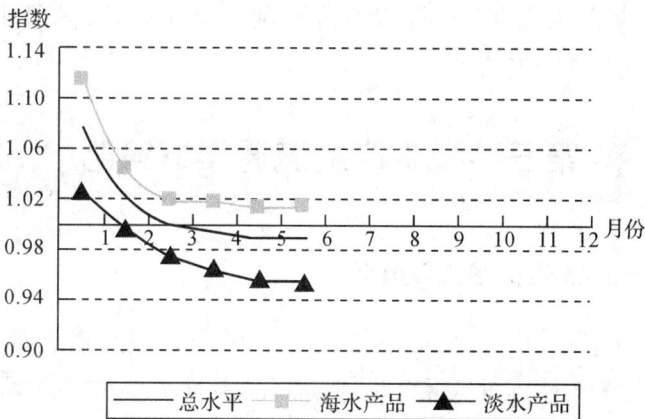

图4-2　2006年水产品市场同期价格指数走势(以上年同期为100)
(资料来源:农业部,中国农业信息网 http://www.agri.gov.cn)

(三)质量差价

质量差价是指同一种农产品,在同一时期、同一市场上因产品质量不同而形成的销售价格或收购价格的差异。引起质量差价的原因主要有两个:一是不同质量的产品,耗费的劳动量不同,提高产品质量需多支付生产费用,因此必须从质量差价中予以补偿;二是不同质量的产品营养价值不同,拉开差价档次,有利于调节供求。农产品质量差价包括等级差价、品质差价、含量差价、新陈差价和死活差价等。实行优质优价、劣质劣价、同质同价,有利于鼓励生产者提高产品质量,改善人民的生活质量。

(四)购销差价

购销差价是指同一种农产品,在同一时期、同一产地购进价格与销售价格之间的差额。购销差价的产生原因有两个:一是补偿经营者耗费的经营费用;二是保证经营者在合法经营的条件下有一定的利润。购销差价对于调动经营者的经营积极性,扩大流通,搞活市场,具有重要的作用。

(五)批零差价

批零差价是指同一种农产品,在同一时期、同一地区批发价格与零售价格之间的差额。批零差价要补偿零售商的经营耗费和提供合理的利润。在市场经济条件下,批零差价有利于扩大就业,满足供应,繁荣市场,便利消费者的生活。

第三节　农产品流通渠道策略

一、农产品流通的涵义及其特点

所谓农产品流通,是指商品农产品从生产领域运动到消费领域或工业生产领域全过程的总和,它包括商品流通和货物流通两大部分。前者是指在农产品买卖过程中发生的价值形式的变化和所有权的转移。而后者是指在农产品买卖过程中使用价值的转移,包括商品实体的运输、储存、加工整理、分级检验、包装、装卸等,是商品实体形态在地点上的转移。商品流通是商品所有权的转移;货物流通是商品在空间上的移位。两者可以是统一的,也可以是分离的。

与工业品流通相比较,农产品流通具有自己的特点,这是由农产品生产和本身的特性所决定的。这些特点是:

1. 农产品流通有明显的季节性

农业生产受自然条件影响很大,有很强的季节性。农业生产的季节性决定了农产品有不同的季节性。

2.农产品流通有较大的分散性

一方面,农业生产遍及全国各地,形成了不同自然地带的农业经济区域,而且农业生产是分散到规模较小的农户经营。另一方面,农产品基本上是家庭消费品,因此,从农户手中集中起来,运输到消费中心,然后再分散到千家万户中去,这是一个非常复杂的过程,必须有一个庞大的市场网络才能完成这个任务。

3.农产品流通具有很复杂的技术性

农产品大多数是有生命的动植物,容易腐烂、变质或死亡,有的产品还有体大、量多、水分高的特点。农产品的鲜活性和体大量多的特点,决定了运输保管的难度较大。这些都要求农产品在流通时,要有较强的技术措施配套才能保证农产品顺利流通。

4.农产品经营具有明显的地域性

我国幅员辽阔,自然条件复杂,各地的农业生产有很大的差异,形成了不同的农业区域。即使是粮食作物区,由于地理环境不同,种植的品种也不同。

5.农产品流通具有较强的政府干预性

农业是国民经济的基础,农产品是有关国计民生的重要产品,因此,为了保证人们的生活和健康,更好地促进农产品的合理流通,政府一般都对农产品给予较多的干预,如保护价格政策等。

二、农产品流通渠道

所谓农产品流通渠道,就是指农产品从生产领域到消费领域运动的路线。由于各种农产品的品种特点、生产位置、生产规模、消费方式等方面的区别,各种农产品的流通渠道是不同的。

(一)农产品流通渠道的结构

根据农产品从生产者到消费者手中经过的环节的多少不同,农产品流通渠道一般可以划分为如下五种基本流通渠道。

生产者—生产者。由于农产品的特殊性,决定了农产品总是有一部分供生产者自己直接食用或使用。

生产者—消费者。这是一种直接销售渠道,是由生产者直接将农产品出售给消费者,不经过任何中间环节,没有中间商介入的简单结构。

生产者—零售商—消费者。生产者将农产品先出售给零售商,再由零售商出售给消费者,中间经过一道零售环节,这属于一种短渠道结构。城镇内消费性强的农产品多采用这种流通渠道。

生产者—批发商—零售商—消费者。生产者先将农产品出售给批发商,批发商再转卖给零售商,最后由零售商出售给消费者。这是供应大城市消费者较常采用的一种流通渠道。

生产者—收购商—批发商—零售商—消费者。生产者先将农产品出售给收购商,收购商转卖给批发商,批发商再转卖给零售商,最后由零售商出售给消费者。这是现代商品经济的主要流通渠道,它很好地解决了生产者与消费者远离的矛盾,中间商分离成收购、批发、零售专业经营,提高了运销效率。

(二)影响农产品流通渠道选择的因素

1.政策因素

国家政策的变化决定着农产品流通渠道的变更。例如,历史上我国绝大部分农产品都实行计划渠道,以后又放开经营,这就从政策上规定了农产品流通的新渠道。目前,国家对烟叶、蚕茧、棉花等仍实行专营。所以,生产这些农产品的企业只能按国家的政策规定,选择计划渠道,将这些农产品卖给国家指定的收购站,而不能进入其他渠道。

2.市场因素

主要根据市场的特点进行选择:对于目标市场比较近的农产品,可以利用短渠道直接销售;对于市场需求量大、购买频率高的农产品,可以选择宽的流通渠道,多设网点,使消费者随时随地可以购买;对于比较分散的市场,可通过众多零售商或小商贩转销;对于地区差价大的农产品,中间商从事贩运活动有利可图,则可以选择长渠道,反之,则选择短渠道。

3.产品因素

根据产品性质和特点选择流通渠道:易腐、易损的农产品应选短而宽的渠道,而耐贮、耐运的农产品则可选择长而宽的渠道(如茶叶);生产量大的农产品,需通过中间商经销,而数量少、生产者有能力自己销售的农产品可选择直接渠道;单价高的产品应选择短一些的渠道,最好直接销售,而单价低的农产品则宜选择长而宽的间接渠道;对于新产品,为使消费者尽快接受,最好组织强有力的推销队伍直接推销,即选择短而窄的流通渠道。

4.生产者或农业企业自身的因素

生产者或农业企业离市场近,就可不用中间商;规模大,资源雄厚,经营能力强,则可在外地自设分销机构,从而缩短与最终市场的距离;反过来,规模很小,无力分设销售点,则应依赖中间商经销。

(三)农产品流通渠道的策略

流通渠道的策略主要是解决如何选择合适的流通渠道形式和中间商的问题。

1.普遍性流通渠道策略

生产者通过所有合格的中间商,广泛销售自己产品的策略。由于大多数农产品及其加工品是人们日常的生活必需品,具有同质性特点,因此绝大多数生产者普遍采取这种策略。采取这种策略,可以加宽市场面,便利消费者购买。农产品经纪人就是这个中间商。

2.选择性流通渠道策略

在一定地区或市场内,生产者有选择地确定少数几家中间商销售自己的产品,而不是把所有愿意经营这种产品的中间商都纳入自己的流通渠道中来。这种策略虽然也适用于一般加工品,但更适宜于一些名牌产品的销售。这样做,有利于调动中间商的积极性,同时能使生产者集中力量与之建立较密切的业务关系。

3.专营性销售渠道策略

在特定的市场内,生产者只使用一个声誉好的批发商或零售商推销自己的产品。这种策略多适用于高档的加工品或试销的新产品。由于只给一个中间商经营特权,所以既能避免中间商之间的相互竞争,又能使之专心一致,推销自己的产品。

三、农产品流通环节

所谓农产品流通环节,就是指农产品在流通过程中所处的各种不同阶段,它一般包括农产品收购、农产品批发、农产品零售、农产品分级、农产品加工、农产品包装、农产品储藏以及农产品运输等环节。其中农产品收购、农产品批发、农产品零售是三大基本环节,而农产品分级、农产品加工、农产品包装、农产品储藏以及农产品运输可以看成三大基本环节的附属环节。

(一)农产品流通的三大基本环节

1.农产品收购

一般是指收购商在产地直接从生产者手中购买农产品的活动。由于农产品不同,生产区不同,农产品收购的方式也是不同的。在收购阶段,一般都要对农产品进行简单的分级、整理、加工、包装,以便农产品从收购阶段进入批发阶段。

2.农产品批发

农产品批发是指农产品流通过程中的集散环节。批发活动及其场所称为批发市场。批发市场具有的作用有:①大批量产品的集散作用;②形成公正的市场价格;③调节市场供求;④信息的集散作用。

3.农产品零售

农产品零售是指农产品直接销售给最终消费者的环节,它是零售商与最终消费者之间的交易。零售业分布在全国城乡各地,它受消费者购买时间、购买习惯的影响,有明显的季节性。在零售环节中,农产品一般已经过一定的加工、分级、包装,并且是根据消费者的特点少量地、经常地进行销售。城乡集市贸易是农产品的重要零售市场。

(二)农产品流通的附属环节

(1)农产品等级评定,见第八章。

(2)农产品加工。农产品加工是指农产品根据实际需求,对农产品进行重新制造,改变它的物理或化学性质。农产品加工具有四个方面的作用:①许多农产品只有经过加工才能变成最终消费品;②农产品经过加工可以延长它的储藏期;③有些农产品经过加工,更符合人们的消费习惯和消费偏好,从而有利于消费效益的提高;④农产品经过加工,能达到增值的目的。农产品加工,按其加工的程度,可以分为初级加工和深度加工两大类。

(3)农产品储藏。农产品储藏是指商品农产品离开生产过程,尚未进入消费领域之前,在流通过程中形成的停留。农产品储藏的主要方法有五种：①高温储藏；②气调储藏；③干燥储藏；④辐射储藏；⑤化学储藏。不同农产品的储藏应根据其特点、储藏的目的和要求，选择合适的储藏方法和技术。

（4）农产品运输。农产品运输是指使用各种运输工具和设备，通过各种运输方式，使农产品从生产领域到消费领域的空间位置的转移。由于农产品运输多为季节性运输，多属鲜活商品运输以及短途运输量大，这些特点决定了农产品运输应该遵循"及时、准确、安全、经济"四大原则。农产品运输，根据运输方式不同可以分为四种：①铁路运输；②公路运输；③水路运输；④航空运输。四种运输方式各有优缺点，应根据实际需要选择使用。

第四节　农产品的促销策略

一、农产品促销的作用

（一）提供信息情报，调动中间商的积极性

任何产品正式进入市场之前，营销者都应当把有关产品的信息传递到销售市场中去，以便中间商、消费者了解产品的有关情况，产生购买（进）欲望。随着农产品生产的不断发展，有不少新的品种问世，因此向中间商、消费者提供新农产品的有关信息，已是一项经常性的活动。如全国各地有不少新引进的蔬菜品种，上市时不仅应告知该种蔬菜的营养成分和价值，而且还应介绍烹调方法等。这样，一方面调动了中间商的经营积极性和主动性，另一方面又可引起广大消费者的购买欲望。其实，不仅是新生产上市的产品需要提供信息情况，原有的农产品为了打开销路，占领某个地区市场，也有提供信息情报的必要。

（二）刺激需求，引发购买欲望

促销活动能引发消费者的购买欲望，创造需求。在人们日常生活中，每个人每天都离不开农产品的消费，如粮、油、菜等，但是，随着经济的不断发展和人们生活水平的不断提高，广大消费者对农产品的消费在广度和深度上不断发生变化。人们日常消费的粮、油、菜等，是人们

维持生命存在的最低消费,随着生活水平的提高,又有对肉、蛋、奶、水果、水产品等产品的保健性需求,广大消费者在消费广度上愈来愈广。另一方面,随着生活水平的提高,广大消费者对农产品消费的深度上又有新的要求,如对瘦肉、精品菜、净菜、营养价值高的水产品、畜产品等的需求。从人们消费的广度和深度的变化来看,农产品促销活动十分必要。因为我国农业生产力的不断发展,新科技的不断推广应用,新的农产品品种不断出现,如无公害农产品、绿色食品、黑色食品、保健农产品等,这些农产品初上市时,消费者不了解其特点,缺乏消费热情,因而开展对这些农产品的促销活动,刺激消费者的需求,更是不可缺少。

(三)增强竞争力,扩大市场占有率

随着大市场的形成,农产品营销者的经营观念应发生变化,不能只满足于对本地区市场的供应,而应向全国乃至国际上扩展,增加农产品的销售量。为达到这一目的,就必须加强促销活动,增强竞争能力,扩大市场份额。促销是增强农产品竞争力,扩大市场占有率的有效活动。

二、促销组合

促销组合(Promotion Mix)是指,为了以最小的成本投入,获取最大的经济效益,需要对各种不同的促销活动进行有机组合,使全部促销活动互相配合,协调一致,最大限度地发挥整体效果,从而顺利实现促销目标。促销组合包括四种方式:广告、营业推广、公共关系、人员推销。

(一)广告

广告是指广告主有偿地使用特定的媒体向大众传播商品或劳务的信息,以促销商品或服务为目的的一种信息传播手段。

农产品除了具有广告的付费和非人员直接沟通两大特点外,还具有以下特点:首先,农产品广告的内容具有季节性由于农产品的生产具有季节性,所以农产品广告也有季节性;其次,农产品的广告费用不宜过高,农产品大多属于需求弹性较低的产品,农产品销售利润率不会很高,所以农产品的广告促销费用也不能高;第三,农产品的广告效果测定比较困难,农产品的最终销售多为零售,加之需求弹性较低,所以广告效果的测定较为困难。

(二)营业推广

营业推广是企业运用各种短期诱因,鼓励购买或销售企业产品或服务的促销活动组成的,又叫销售促进。其特点有:针对性强,立足于短期目标,非连续性,具有灵活性。其目的是刺激购买,促成交易。适用于一定时期,一定任务的短期特殊推销。

营业推广的工具有:

(1)针对消费者的主要有:样品、优惠券、付现金折款、特价包装、礼品券、赠品印花、馈赠等。

(2)针对中间商的主要有:价格折扣、推广津贴、承担促销费用、产品展览、销售竞赛等。

(3)针对推销人员的主要有:销售提成、销售竞赛、提供培训学习机会、精神奖励等。

(三)公共关系

公共关系指企业为了使社会广大公众对本企业及本企业产品有好感,在社会上树立企业信誉,选用各种传播手段,向广大公众制造舆论而进行的公开宣传的促销方式。企业利用各种媒介发布重大商业新闻,或是对产品、服务或企业形象进行有利的宣传,而企业并不为此付费,即"软广告"。其目标是提高企业知名度,加深产品印象,激励全体员工。其特征是涉及企业形象的长远发展战略,作用面十分广泛。其传播手段很多,主要有传播媒介的间接传播和人际交往的直接传播。

公共关系策略有:公共关系宣传——提高知名度;公共关系活动——提高美誉度;公共关系意识——员工具有的树立和维护企业整体形象的思想意识。

(四)人员推销

人员推销是指企业通过派出销售人员,与一个或一个以上可能成为购买者的人交谈,作口头陈述,以推销商品,促进和扩大销售。其优点是双向沟通、建立关系、反应及时、具体运作时弹性较大、目的性强、促进购买行动等。其缺点是成本高。

1.组建销售队伍

销售任务和目标确定下来以后,就需要有专门的机构和人员开展具体的工作。在销售部门的整个构架确定后,就需要组建一个高效率、高素质的销售队伍。人员一般应具备以下素质:态度热忱、勇于进取、求知欲强、知识广博,文明礼貌、善于表达,推销技巧娴熟等。除此之外,农产品推销人员还应具备广博的农产品知识,主要是以下几个方面:①熟悉农业生产的特点、定价方法、交货方式、付款条件等。②熟悉农产品的性能、使用和保管知识,竞争者的产品价格情况和环境状况等。

2.培训推销人员

营销组织的生存与发展,需要推销人员的业绩来支撑。培训推销人员的目的在于提高推销人员的业务能力和奋斗精神。业务能力主要体现为观察能力、综合判断能力、决策能力、应变能力、创新能力、公关能力、理解他人的能力、说服他人的能力等八个方面的能力。

3.建立推销人员的激励机制

激励是指对人的行为具有激发、加强、推动的作用,并指导或引导行为指向目标的工作。一个销售队伍,要取得预期的成果,保持高昂的士气是非常必要的。激励则是提高推销人员工作业绩的好方法。

4.制订推销人员报酬制度

有关推销人员的报酬问题,是销售管理中的一个重要课题。从推销员的角度来看,他希望获得较高的收入;从管理人员的角度来看,则是力求销售成本降低;从消费者的角度看,则是希望从推销员手中,以较低价格获得自己所需要的商品。

5.制定推销人员的考评办法

对推销人员的考评,可以使推销人员更好地工作。考评的内容包括两大方面,一是业绩考评,二是品质考评。在这两项考评中,特别重要的是品质考评。

思考题:

1.什么是农产品的生命周期?

2.简述导入期、成长期、成熟期、衰退期的营销策略。

3.农产品价格有什么特点?

4.农产品价格变动有什么规律?

5. 什么是农产品差价? 有哪些类型?

6. 农产品流通有哪些特点?

7. 农产品基本流通渠道有哪些?

8. 农产品流通的三大基本环节是什么?

9. 什么是促销组合? 有哪些方式?

第五章 农产品经纪人的贸易谈判

第一节 寻找客户

一、寻找客户的方法

(一)客户关系网

有效开发市场的方法之一,是通过无穷的关系网。每次农产品经纪人可以向客户询问还有没有其他可能对该产品或服务感兴趣的新客户,这样,不需要很长时间,就可以开发出长长的客户名单。一个带两个,两个带四个,如此不断扩展。即使这些客户现在不需要你的服务,但也为以后联系奠定了基础。

使用关系链方法需要提到推荐人,推荐人的名望不容低估。两个具有相同专业知识的农产品经纪人拜访同一位客户,如果其中一个提到推荐人,那么他成功的把握就大多了。名誉和可信度极大地影响着拜访的结果,而有推荐人无疑又增加了可信度。当农产品经纪人被推荐给下一个客户时,会面一定会在融洽的气氛下进行。如果客户肯写信、打电话,或在酒桌上介绍其他客户,那就更好了。经纪人在与被介绍的人见面之后,应该给介绍你的客户一个反馈,不管他有没有兴趣,你都可以告诉他事情的进展程度。向他告诉这些情况,有利于与他保持联系,并增加从他那里得到更多客户的机会。使用关系链的方法,农产品经纪人最后可能建立起一个自己的客户群。客户群表示客户和农产品经纪人开始在一个圈子里,当这个农产品经纪人有名气之后,他就成为整个圈了的销售代表了。

(二)熟人

熟人中蕴含着丰富的寻找客户的资源。农产品经纪人初期所做的业务,大多来自他们进入这些领域之前相识的朋友。农产品经纪人可以从亲朋好友中列出客户的名单:

(1)工作单位。

(2)曾经就读的学校。

(3)邻居。

(4)参加的各种组织。

(三)上门服务

上门服务也称为游说,即与客户直接地、面对面地交谈,有时也许很快就能做成一笔生意。上门服务要比电话交谈获益更多,因为在电话里交谈,比面对面更容易遭到拒绝,登门拜访,你可以知道很多信息,比如农产品的产量、质量、价格等情况,当你在离开的时候就可能知道客户的名字,在下次给这个客户打电话时,别人就能记起你,因为你曾经上门拜访过。当然,上门服务非常耗时,在同样的时间内,打电话可以覆盖更大的范围,因此,为了争取更大的成功,农产品经纪人应当有目的地上门服务,如到种植大户、养殖大户那里。

上门服务结束时,农产品经纪人务必留下一张名片,发出的名片越多,可能做成的生意也越多。也许当时客户对你不感兴趣,但也许哪一天就会想起你。在上门服务时,向对方询问有哪些可推荐的客户是十分重要的,因为这能增加生意线索。

(四)电话

电话推销被广泛应用。最广义的分类有进入式和外出式的电话。进入式电话是客户打电话给经纪人;外出式电话是经纪人去接触客户。处理订单是最简单的电话推销操作,也是通过进入式电话实现推销和服务的典型例子,较复杂的电话推销是客户服务。处理订单和客户服务,都包括销售以外的努力,如客户线索的产生、信用核查、市场调查,以及其他许多跟进活动。

进入式电话推销成功的关键,是通过媒体广告和其他促销措施,激励客户来电索取更多的信息或进行订货。如果没有订货,这条线索也要保留。外出式电话是又一个重要的营销手段,它最初是通过一个外出的电话接触客户。目前一些农产品经纪人已经把这两种沟通方法结合起来使用。如在打电话之前,先寄一个样品给客户,这样可以提高客户对随后的电话的接受程度,并给开始电话交谈提供一个引子。

寻找客户时使用电话的最大优点是速度快。但与直接见面相比,电话的最大缺点是,由于它是通过非形体的声音工作,所以很难具有较强的说服力。

此外,还可以通过广告、互联网、行业展会等方式发现客户,从而建立起长期业务关系的客户市场。

二、初次会晤的要求

(一)会晤前的准备工作

一般说来,见面会晤前的准备是指正式接触前的所有活动,包括获得客户和商业信息的活动。寻找客户的环节何时结束,见面会晤前的准备工作何时开始,是很难界定的,因为两者往往是同时发生的。见面会晤前的准备,是为了获取有关客户个人、公司以及有可能影响销售的其他因素的详细信息。在完成目标市场定位后,农产品经纪人应该在脑海中形成客户的大体概念。在寻找客户的活动中,经纪人会收集很多信息,但信息可能不太完整,这就使见面会晤前的准备工作成为必要。

知己知彼有利于沟通,从你自己的经验就可以知道这一点,当你第一次接触一个你一无所知的人时,一切都显得很困难。如果你预先知道客户的职业、兴趣、家庭情况或所在公司运营状况,那么交谈就容易一些。见面前的准备工作,目的是为经纪人与客户沟通提供便利。农产品经纪人对客户了解得越多,沟通就越成功。为了使会晤更具效果,应将所收到的资料做好归类整理,这除了可帮助记忆外,也可作为有计划地进行营销时的辅助手段。在当今社会,大家经常谈到"情报资料就是财富"。因此,经常留意客户的动态,妥善管理资料,将它作为营销的有利武器。

(二)吸引客户的注意力

与其他营销和服务不同的是,农产品经纪人所面临的客户往往是被动的甚至有抵触情绪的客户。如果农产品经纪人拜访了客户,却不曾给对方留下任何印象,那么这种拜访显然是浪费时间。所以,经纪人必须尽其所能地吸引客户的注意力,以便不被拒绝。当然,引起客户的注意必须给人留下好印象,才能称之为良好开端。但要注意的是,夸大的言语及行为,固然给予客户以深刻印象,却有损于自己本身的形象,反而容易产生相反效果,应竭力避免。

农产品经纪人要想引起客户的注意,可以从不同的方面着手:

1.利用你的服务特色或农产品特征及使用价值

从表面看,你推销的是一种农产品或服务,但实际上是一种利益推销。通过你的说明,应使客户相信你的产品或服务能为其带来利益,如果此笔生意不会给客户带来这样或那样的预期利益,那么人家也不会和你合作。因此,农产品经纪人必须尽力让客户相信你。

2.要准确判断客户类型,注意情绪反应

客户的需求及其购买行为是受多种因素影响的,要想成功地吸引客户,必须判断好客户的类型,有针对性地运用推销方法和技巧。在交谈过程中会使客户产生喜、怒、哀、乐等一系列情绪反应,经纪人应时刻注意客户的情绪变化,并善于利用恰当手段影响客户的情绪。

3.说好第一句话

为了吸引客户的注意力,在面对面的交谈过程中说好第一句话是至关重要的,开场的好坏,几乎可决定生意的成败,一般来说,客户听完第一句话后,如果一开始不能马上引起客户的注意,那么以后的谈话就没有太大意义了。时刻记住,开头几句必须生动有力,给客户以震动,不能拖泥带水,更不得支支吾吾,避免使用一些无关痛痒的套话。

(三)建立良好信誉

要想成为优秀的农产品经纪人必须要有良好的信誉,具体地讲,就是让客户感受到你所提供的不仅是商品和服务,而是信誉,从而让他们对这一切记忆深刻。虽然许多人明白信誉是无形资产,但他们大多把建立信誉视为交易结束后的事情。比如,逢年过节向老客户赠送礼品,打电话问候等。而事实上,建立信誉决不仅于此,它在交易活动一开始就应引起注意,并一直贯穿交易过程的始终。建立信誉是农产品经纪人必须做好的一项工作,它不仅能诱导客户下次继续与你交易,同时它还为以后的工作奠定了基础,因为客户对你有了信任感,会使两人保持长久的合作关系。农产品经纪人千万不能抱有做"一锤子买卖"的想法,因为你这个职业必须建立信誉,才可能永远拥有一大批客户。那么,农产品经纪人怎样才能建立信誉并使交易达成呢? 其方法如下:

1. 让客户充分地比较

即使客户有意与你成交,但若要真正购买,总还是显得犹豫不绝,举棋不定。这时,就应给客户一个"比较阶段",使他心服口服地与你交易。做比较就是让客户再好好地考虑考虑。如你可拿出同类农产品进行比较,让客户本人作出比较判断,然后你就必须清楚地说出"为什么一定与我做这笔生意"的理由及必然性,而支持这种说法的佐证就是比较的结果。

2. 要有真诚的心

农产品经纪人必须拥有一份真诚的心,去为客户着想的心。如果客户真的想购买你手中的农产品,他肯定要提出许多相关的问题,这时农产品经纪人必须能清楚、准确地回答,同时要较为客观地向客户解释为什么会这样,为什么会那样,特别当同类农产品价格出现差距时,一定要说明原因。如果每个农产品经纪人都能这么做的话,那么肯定会给客户留下好感,给人一种非常诚实的印象。

3. 切记欲速则不达

在与客户交易过程中,一定不能性急,否则,欲速则不达。因为急于交易会让客户产生这样或那样的想法:我的价格是不是高了,你的货是不是有问题? 也会降低经纪人的信誉,影响到整个交易的继续进行。农产品经纪人越是在关键时刻就越要有耐心,显示出极高的涵养和为客户负责的精神。所以,让客户仔细地挑选,反复地比较是十分必要的。同时,要沉稳地向客户解释每一个细节。

(四)会晤中的语言

在与客户交谈过程中,农产品经纪人应具备一定的口才修养,时时要注意到语言中的"七要八不要"。

1. 七"要"

(1)对客户谈话要有兴趣。经纪人对所发生的一切、所谈的一切、谈话对象以及他正在做的一切,都要表示很有兴趣。

（2）说话态度要友好。假如你对在场的人吹毛求疵，或者对他们的谈话讽刺挖苦，或者流露出看不起他们的神情，那么这次会晤就会失败。

（3）要愉快、高兴、面带微笑。当然，这种微笑应当是一种感兴趣的、友好的微笑，说话时要流露出你对别人的好感。

（4）要生气勃勃又从容自如。要懂得让你的脸和手势表现出你的活力。

（5）话语要灵活机动。话题在变化，谈话的人以及说话的情绪气氛都在变换，一个优秀的经纪人要善于应变，及时掌握场上谈话的主动权。

（6）谈话要讲策略，即三思而后行。要事先思考而不是事后，这是讲策略的根本要素。由于我们不知道别人的敏感点，有时难免伤人感情。但是我们应该尽量避免缺乏思考而触及别人痛处的情况出现。

（7）谈吐要彬彬有礼。风雅的谈吐本身就是礼貌。这并不意味着只是说些"谢谢、请"等文明字眼，这里指的要牢记"为人之道"的原则。

2.八"不要"

（1）不要片面武断，要避免做笼统地概括。说话要恰当，避免用"所有的"、"总是"这些字眼，改用"有的人"、"有时候"，可以用"一些"、"许多"、"很多"、"偶尔"。

（2）不要自命不凡。自以为高于一切，比谁都优越的态度会立刻使你陷于孤立。

（3）不要好争辩。和别人一起时，不要盛气凌人，不要为辩论而辩论。

（4）语态不要死气沉沉，不要让他人承担全部的谈话任务。

（5）不要虚情假意，要赞扬别人，但不要过分。不要滔滔不绝，言过其实。

（6）不要以我为中心。有意见当然要说，有反应也要表达，但是不要给人一种印象：处处都是"我以为……"、"我不以为然"等等。

（7）不要把语言片面化。

（8）说话时不要含糊不清。要别人回答你的问题，那首先就要让别人听得见，而且必须听清楚。

第二节 贸易谈判

一、谈判的原则

(一)依法办事

在商务谈判中,利益是各方关注的核心。对任何一方来说,大家讲究的都是"趋利避害"。在不得已的情况下,则会"两利相权取其重,两害相权取其轻"。无论如何,不能为了实现利益而触犯法律。

(二)平等协商

谈判各方在地位上应平等一致、相互尊重,不允许仗势压人、以大欺小。谈判各方在谈判中通过协商求得双赢,而不是通过强制或欺骗来达成一致。

(三)适当妥协

任何一次商务谈判中,都没有绝对的胜利者和绝对的失败者。相反,有关各方通过谈判,多多少少总会获得或维护自身的利益,也就是说,大家在某种程度上通过彼此妥协、互相让步来达成双方都可以接受的结果。

(四)互惠互利

在商务交往中,谈判一直被视为是一种合作或为合作而进行的准备。因此,商务谈判最圆满的结局,应当是谈判的所有参与者各取所需,各偿所愿,同时也都照顾到其他各方的实际利益,这是一种多赢的局面。

(五)就事论事

商务谈判过程中的一个重要原则是就事论事。无论双方为了维护各自的利益争论得多么激烈,也不管讨价还价多么苛刻,对对方的态度始终都应以礼相待,绝对不能话不投机,恶言相向,甚至进行人身攻击,"买卖不成仁义在",要从长远的角度考虑问题。

二、谈判的技巧

(一)时间技巧

利用控制时间来影响谈判结果,在答复对方或作出决定前争取充裕的思考时间。最常用的方式是找借口拖延时间,如接电话、喝水、上洗手间等,都是一些十分充足而对方无法拒绝的理由,目的就是争取时间。

(二)语言技巧

语言是交流的工具,运用语言技巧意味着要清楚、流利、恰当地表达自己的见解,也要善于倾听、分析、理解对方的发言。运用语言技巧,具体表现在提问与回答两个方面。

1.提问的技巧

提问的技巧包括:提能够引起对方注意的问题;提能够引起对方作出结论的问题;提能够使对方流露真实意图的问题;提问应选择适当的时机;提问后应耐心倾听对方回答;提问应避免刺激对方;对方回避时应更技巧地提问。

2.回答的技巧

回答的技巧如下:不急于表态;不正面反对对方的观点;对需要特别强调的内容,应放缓节奏,以引起对方的注意;回答所传递的信息必须准确。

(三)战术技巧

谈判技巧中最多涉及到的是战术技巧。

1.强硬式

意思是立场强硬,迫使对方让步。其具体做法是:针锋相对,但要有风度;最后通牒,千万不要让对方感觉这是儿戏。

2.马拉松式

意思是有意拖长谈判时间,消磨对方耐性,使对方放弃立场。其具体做法是:疲劳轰炸,把日程安排得非常紧凑,不允许对方有过多的思考时间。泥菩萨,用装糊涂来消磨对方的意志。挡箭牌,用假设的决策者或反对者来增加谈判的难度,拖延时间,使对方失去耐性。

3.虚实相间式

虚张声势:做卖方时开出最高价,做买方时还以最低价。欲擒故纵:越是想要得到的东西,越是要表现为满不在乎。声东击西:在无关紧要的问题上有意纠缠不休来分散对方的注意力。

4.步步紧逼式

意思是不断给对方压力,迫使对方就范。

三、谈判的基本内容

(一)商品的品质、数量和包装

1.商品的品质

品质是指商品的内在质量和外观形态。其中内在质量包括商品的物理和机械性能、化学成分的构成、生物学特征等;外观形态表现为商品的造型、图案、色泽、味觉等。品质是决定商品价格高低的重要因素之一。

商品品质可以用规格、等级、标准、样品、商标等方法表示。

(1)商品规格是反映商品品质等方面的技术指标。

(2)商品等级是同类商品质量差异的分类,通常用一、二、三或者甲、乙、丙等数码、文字或者符号表示。

例如,按国内的生产标准,柑橘主要分为四个等级:一等品、二等品、三等品和等外品。一等品的要求是果实的横径大小在6.5厘米以上,二等品要求是6.0厘米以上,三等品要求是5.5厘米以上 。

(3)商品的标准是指经政府机关或者商业团体统一制定并公布的规格或者等级。我国商品标准分为四级。

1)国家标准:国家标准是指对全国经济、技术发展有重大意义的技术标准。由国家主管部门提出草案,经国家标准主管部门批准发布,在全国统一范围内实施。国家标准适用于国内产品的收购、加工、销售、储藏、调运及对外贸易等。

国家标准全称是"中华人民共和国标准",简称为"国标",代号为"GB"(即"国标"两个字汉语拼音的第一个字母)。

2)部颁(行业)标准:部颁标准是全国性各专业(或部门)范围内的统一标准,是 种没有国家标准而又需要在全国各行业范围内统一的技术要求。由国家主管部门或有关部门联合制定发布,并报国家标准主管部门备案。若该种产品已实施国家标准,则该种行业标准自行废除。

3)地方标准:地方标准是指对没有国家标准和行业标准又需要在各省、自治区、直辖市范围内制定的标准。由所在省、自治区、直辖市政府标准化管理部门发布,并报国家标准化行政管理部门和有关行业主管部门备案。若该产品已有国家标准或行业标准,则该地方标准自行废止。地方标准只适用于本省、区(市)的产品的收购、销售、加工、调运。

4)企业标准:当企业的某种产品没有国家标准、部颁标准和地方标准时,作为企业组织生产的依据而制定的标准。企业标准的制定、审批和发布由企业自行安排,并按省、区(市)政府的要求备案。

(4)样品是最初设计加工出来或者从一批商品中抽取出来,能够代表交货商品品质的少量实物。

品质条件是合同中的主要条款。对制定品质条款应该注意:

一是品质条款要具体明确,切忌使用模棱两可、含糊不清的词句;

二是要根据商品的不同属性,正确选用品质的表示方法;

三是优质优价,按质论价。

2.商品的数量

数量是指按照一定的度量衡表示出商品的重量、个数、面积、容积等的量。

在谈判中要明确规定交易的数量和计量单位。对按重量计算的商品在明确交货数量的同时,还要注明计量方法,要写明是按照毛重还是净重计算,以及毛重的计算方法。对于大宗商品和不能精确计算数量的商品或者农副产品要在合同里注明机动幅度。

3.商品包装

交易的商品多数需要包装,包装能起到宣传商品、保护商品、便于运输和消费的作用,包装也是商务谈判的重要内容。

包装可以分为运输包装和销售包装。谈判中双方要根据交易商品的特点、运输工具、货物运经地区和气候以及市场习惯等因素,确定包装材料和形式、装潢设计、包装标志、包装费用等事项。

(二)装运、保险和检验

1. 商品装运

装运涉及运输方式、运输费用、装运与交货的时间、地点等问题,这是谈判的重要内容。谈判的具体内容包括:运输方式的选择(公路、铁路、水路、航空、管道)、运费的计算(依据重量、体积、价格)、装运时间与交货时间(注明在某年某月某日之前为宜)的确定。

2. 保险

商品在运输、装卸、储存过程中可能会遇到各种风险,为了保障在商品受损时可以获得经济上的补偿,有必要对商品进行保险。

在谈判时,双方要明确风险的划分,确定由谁办理保险手续和支付保险费用以及双方与保险公司的关系等事宜(在对外贸易中要争取在我国保险)。

3. 商品检验

商品检验是对交易商品的品质、数量、包装等项目按照合同规定的标准进行检查和鉴定。在谈判中,双方必须明确:规定商品检验的具体内容和方法;确定商品检验的时间和地点;确定商品检验机构和检验证明。

(三)价格和支付

1. 价格

商品价格是商品价值的货币表现,是商务谈判中最重要的内容。价格由单价和总值构成。单价由以下四部分构成:

计量单位,即计算商品数量的单位。

计价货币:即计算商品价格时使用的标准货币。

单位金额:即商品每一计量单位以计价货币表示的金额。

价格术语:是国际贸易中代表不同价格构成以及责任、费用、风险的一种术语。常用的有装运港船上交货价(FOB),成本加运费价(CFR),成本、保险费加运费价(CIF)。

例如:一级松香　每公吨 420 英镑　CIF 伦敦

2. 支付

在谈判中应该确定货物结算方式及结算使用的货币、结算时间、地点等事项。结算方式分为现金结算和转账结算。转账结算分为同城结算和异地结算。异地结算分为托收、汇兑和信用证等方式。

(四)保证条款

保证条款指在商务谈判中对卖方所做保证进行检查和制约的一种条款形式。其主要内容是担保,包括保证人、定金、留置权三种形式。

1. 保证人

保证人是保证一方履行义务的第三者。

2. 定金

定金是当事人一方在合同履行前,在合同规定应给付的数额以内预先给对方一定数额的货币(定金不同于预付款,因为无论哪一方违约,预付款应退还,但是定金则不然)。

3. 留置权

留置权又称为扣押权,是指权利人按照合同约定占有义务人的财产,依照法律规定以留置财产的折价或者变卖该财产的价款优先得到偿还。

(五)索赔、仲裁和不可抗力

1. 索赔

索赔是一方认为对方未能全部或部分履行合同责任时提出要求对方赔偿。在谈判中要确定索赔依据(包括证据和出证机构)、索赔期限(向违约一方提出索赔的有效期限)、索赔金额(包括违约金和赔偿金)。

2. 仲裁

仲裁是指双方商定,在发生争议时自愿到第三方进行裁决。在谈判中要确定仲裁机构、明确仲裁决定是否为最终裁决、仲裁费用等。

3. 不可抗力

不可抗力是指合同签订以后,由于发生了当事人不可预见的、无法预防的意外事故,造成合同无法履行。不可抗力包括自然力量引起的和社会力量引起的两种。谈判中应该确定不可抗力事故的范围、发生后双方的责任、出具事故证明的机构。

四、签约

经过一番讨价还价之后,双方取得了一致的意见,达成了某种协议。这种口头上的允诺，就是"拍板"。在较大的农产品交易中，一定要进行签约，也就是双方协商后用恰当的语言、用书面或其他法定形式将谈判内容固定下来。协议的签订是商品营销中的重要环节，也是一种法律行为。但协议中或许只要有一个文字陷阱就足以使你前功尽弃，甚至蒙受巨大损失。要想成为一名出色的农产品经纪人，他的知识要广博，尤其在协议签订中要有法律概念和丰富的合同知识。

谈判协议的签订，须注意以下问题：

1. 达成的协议，必须见诸于文字

许多谈判后的争端，不少是由于没有将协议形成文字引起的。仅凭口头协议，一方面在执行过程中容易被曲解，另一方面如果发生了破坏协议的事，也无据可查。

2. 协议的文字要简洁，概念要明确，内容要具体

大多谈判后的争端是由于关键性的概念使用了模棱两可、含糊不清的词语，或者重要的细节没有交代清楚而造成的。如时间、地点、数量一定要准确、具体。

3. 不要轻易在对方拟定的谈判协议上签字

对方拟定的协定，不管有意无意，必然对他有利，你应该详细地、谨慎地予以检查。必要时，自己事先准备一个协议的草案，以便两相对照。在确信没有问题后方可签字。不然，草率签字后，即使协议有陷阱，你也必须照样执行。

重大的营销谈判协议签订后，还应该让协议具有法律效力，通常是将协议经过公证部门公证。这样，一旦一方违反协议，经过交涉无效时，可以对簿公堂，寻求法律解决。

思考题：

1. 如何寻找客户？

2. 农产品经纪人可以从哪些方面入手来引起客户的注意？

3. 农产品经纪人怎样建立信誉并达成交易？

4. 谈判应遵循哪些原则？

5. 谈判的技巧有哪些？

6. 谈判的基本内容有哪些？

第六章 法律基础知识

第一节 合同法

一、合同和合同法的基本原则

随着商品经济的产生和发展,产生了合同,合同是商品经济的基本法律制度。合同又称为协议或者契约。广义的合同是指两个以上民事主体之间设立、变革、终止民事权利义务关系的协议。狭义的合同是指债权合同,即两个以上的民事主体之间设立、变更、终止债权债务关系的协议。根据我国《合同法》第二条规定:"合同是平等主体的自然人、法人、其他组织之间设立、变更、终止民事权利义务关系的协议。"它不包括物权合同、身份合同、劳动合同和行政合同。

合同有以下法律特征:合同是一种民事法律行为;是以设立、变更、终止债权债务为目的的民事法律行为;是两个以上当事人意思表示一致的民事法律行为;是当事人在平等、自愿的基础上产生的民事法律行为。

当事人在合同活动中应当遵循的基本行为准则(即基本原则)有:平等原则、自愿原则、公平原则、诚实信用原则、合法原则。

二、合同的订立过程或者阶段

合同成立是指订立合同的当事人就合同的主要条款达成合意行为。合同本质是一种合意,即合同成立意味着合同各当事人的意思表示一致。合同成立的条件:①存在两个或者两个以上的订约当事人;②订约的当事人对合同的主要条款达成合意;③合同成立应当必须具备要约和承诺阶段。以上是合同成立的一般条件。

(一)要约

"要约是希望和他人订立合同的意思表示。"要约应当具备的条件：第一,必须是具有订约人能力的特定人作出的意思表示;第二,必须具有订立合同的意图;第三,必须向要约人希望与其缔结合同的受要约人发出(原则上应向特定人发出,但是法律没有禁止向不特定的人发出。向不特定人发出要约,应当具备两个条件;①必须明确表示所作出的建议是要约而不是要约邀请;②必须明确承担向多人发出要约的责任,要约人有履行合同的能力);第四,要约的内容必须具体确定。

要约邀请是希望他人向自己发出要约的意思表示,它一般不承担法律责任。它与要约的区别表现在:第一,要约一般是向特定的对象发出的;要约邀请是向非特定的对象发出的。第二,要约的内容具体明确;要约邀请的内容是片面的、不完整的。第三,要约发出后,受要约人一旦在规定的期限内承诺,合同就成立;而要约邀请则希望对方向自己发出订立合同的意思表示。

1.要约生效的时间

我国采取的是到达主义。《合同法》第16条规定:"要约到达受要约人时生效。"应当注意两个问题:①到达是指要约送达受要约人能够控制的地方。②采取数据电文形式订立合同的,该数据电文进入收件人(指定的)特定系统的时间,视为到达时间。如果未指定特定系统的,该数据电文进入收件人的任何系统的首次时间,视为到达时间。

2.要约的存续时间

要约的存续时间,即要约多长时间发生法律效力,这完全由要约人决定。有两种情况:①以口头形式发出的要约,如果没有约定,受要约人应当立即作出承诺,才能对要约人产生法律效力。②以书面形式发出的要约。要约中规定的时间为要约的存续时间,如果没有规定,应当确定合理的时间作为要约的存续期限。这里的时间包括:要约到达受要约人的时间;作出承诺的时间;承诺到达要约人所必要的时间。应当考虑传递方式和行业习惯等因素来确定合理时间。

3.要约的撤回与撤销

要约的撤回是要约人在发出要约后,到达受要约人前宣告取消要约的行为。有两种情形：一是应当在要约到达受要约人之前取消；二是撤回要约的通知与要约同时到达受要约人。

要约的撤销是指要约生效后，受要约人作出承诺前，取消要约的行为，使要约的效力消灭。要约的撤销与要约的撤回一样都是为了取消要约，并且都是在承诺做出前实施的，但撤回发生在要约生效前，而撤销是发生在要约已经生效，但受要约人未做出承诺前取消要约的行为。我国《合同法》第19条规定："有下列情形之一的，要约不得撤销：一是要约中确定了承诺期限或者以其他形式明示要约不可撤销；二是受要约人有理由认为要约是不可以撤销的，并且已经为履行合同作了准备工作。"

4.要约的失效

要约的失效是指要约的法律效力归于消灭，对要约人和受要约人没有约束力。有下列情形之一，要约失效：一是拒绝要约的通知到达要约人；二是要约人依法撤回或撤销要约；三是承诺期限届满，受要约人未作出承诺；四是受要约人对要约的内容做出实质性变更。此外，还有要约因为内容违法，法人或者其他组织被解散或者撤销和自然人死亡等情形，同样会导致要约的失效。

(二)承诺

承诺是受要约人同意要约的意思表示。必须具备如下条件：一是承诺必须由受要约人作出，第三人(除代理人外)作出的是新要约，而不是承诺。二是承诺必须在合理期限内向要约人作出，超过期限作出的，视为新要约。三是承诺的内容必须与要约的内容完全一致。四是承诺的方式必须符合要约的要求。

1.承诺到达时间

承诺应当在要约确定的期限内到达要约人。如果没有确定承诺期限的，依照下列规定：一是要约以对话方式作出的应当即时作出承诺，但当事人另有约定的除外；二是要约以非对话方式作出的，承诺应当在合理期限内到达。

2.承诺的撤回

承诺的撤回是指要约人将已经发出的承诺，在到达要约人之前宣告取消的行为。依法撤回承诺的情形有二：一是撤回承诺的通知应当在承诺通知到达要约人之前;二是与承诺通知同时到达要约人。

3.承诺的失效

承诺的失效是指承诺的法律效力归于消灭。有下列情形之一的,承诺失效:一是承诺被撤回;二是迟到的承诺;三是对要约内容作出某些非实质性变更,并遭到要约人反对的承诺;四是对要约内容作了实质性变更的承诺。

4.合同成立的时间(承诺生效的时间)

我国采取的是到达主义,以承诺到达要约人的时间为标准。有以下几种情况:①口头形式订立的合同,承诺人表示承诺时为合同成立。②采取书面形式订立合同的,自双方当事人签字或者盖章时合同成立。不在同一时间签字或者盖章的,以最后签字或者盖章时为合同成立。③采取信件、数据电文等形式订立合同的,一方当事人可以在合同成立前要求签订确认书,签订确认书时合同成立。④法律法规规定或者当事人约定采取书面形式订立合同,当事人未采取书面形式,但是一方已经履行主要义务,对方也接受的,接受时该合同成立。⑤采取书面形式合同,在签字或者盖章前,当事人一方已经履行主要义务,对方也接受的,接受时该合同成立。

5.合同成立的地点

合同成立的地点即承诺生效的地点。它是合同发生纠纷,确定法院管辖权的主要依据。①采取数据电文形式订立合同的,收件人的主营业地为合同成立地。没有主营业地的,其经常居住地为合同成立地。②当事人另有约定的,约定地为合同成立地。③采取书面形式订立合同的,双方当事人签字或者盖章的地点为合同成立地点;不在同一地点签字或者盖章的,以最后签字或者盖章的地点为合同成立地。

6.缔约过失责任

缔约过失责任是指在合同的订立过程中,一方因违背其依据诚实信用原则所应尽的义务,而致另一方信赖利益的损失而应承担的民事法律责任。构成要件:一是必须有损失事实的存在。二是行为人有过错。缔约过失责任是一种过错责任。这里的"过失"表现为违背诚实信用原则,所以,"过失"包括故意和过失。三是缔约过失行为与损失之间有因果关系。缔约过失责任的主要情形有:第一,假借订立合同,恶意进行磋商。第二,故意隐瞒与订立合同有关的重要事实或者提供虚假情况。当事人在订立合同过程中,必须依据诚实信用原则,履行告知义务,包括:财产状况、履行能力、瑕疵告知、性能和使用方法的告知等。第三,泄露或不正当地使用商业秘密(商业秘密是不为公众所知悉,能为权利人带来经济利益,具有实用性并经权利人采取保密措施的技术信息和经营信息)。第四,其他违背诚实信用原则的行为。

缔约过失责任的赔偿范围为信赖利益的损失,即缔约人信赖合同有效成立。但是因法定的事由发生,致使合同不成立、无效或者被撤销等。

三、合同法的内容和形式

根据我国《合同法》规定,订立合同的主体有三种:即自然人、法人和其他组织。而其主体资格是否合法,是合同能否生效的重要条件。《合同法》第九条规定:“当事人订立合同,应当具有相应的民事权利能力和民事行为能力。”

自然人的民事行为能力,依照我国《民法通则》规定。这里特别要注意的是限制民事行为能力人和无民事行为能力人,在一般情况下,不能成为订立合同的主体,但是,订立纯获利的合同时可以成为订立合同的主体。法人的行为能力是特殊的行为能力,它只能在其依法核准登记的生产经营和业务范围内活动。非法人单位的行为能力取决于是否领有《营业执照》。对于没有领取营业执照的非法人单位,不得以自己的名义独立从事民事活动,而只能以法人的名义订立合同。而对于领有营业执照的非法人单位,可以以自己的名义与外缔约。《合同法》规定“当事人可以委托代理人订立合同。”但是,应当注意两个问题:一是代理人必须具备代理主体资格,即完全民事行为能力;二是明确代理权的授予范围。代理人订立合同应当具备以下条件:一是必须取得授权委托书;二是必须在代理权的范围内订立合同;三是必须以代理人的名义订立合同。

合同的形式就是合同的表现方式。根据我国《合同法》规定:“当事人订立合同,有书面形式、口头形式和其他形式。”“法律、行政法规规定采用书面形式的,应当采取书面形式。当事人约定采取书面的,应当采用书面形式。"可见,合同的形式,除法律有规定外,当事人之间也是可以约定的。口头形式的合同:用语言而不用文字记载意思表示一致的合同。它一般适用于数额较小和及时清洁的合同。其优点是简便易行,其缺点是发生纠纷时,不容易取证和分清责任。

书面形式的合同即用文字记载经双方协商一致而订立的合同。它包括合同书、信件和数据电文等。法律、法规和当事人约定采用书面形式的,应当采用书面形式。它的优点在于:有利于督促当事人全面履行合同义务;一旦发生纠纷,便于分清责任和举证。其他形式的合同,指除口头和书面形式以外的合同,如公证形式、鉴证形式、批准形式、登记形式等。

合同的内容是指合同的条款,即合同当事人权利和义务的具体规定。根据《合同法》第11条规定:合同的内容由当事人约定,一般包括以下条款:

(1)当事人的名称或者姓名和住所,便于双方的联系,也是发生纠纷确定管辖的依据之一。

(2)标的,即合同中权利义务所指向的对象,包括货物、货币、劳务和智力成果等。标的是合同的首要条款,没有它,权利和义务就无法确定,合同就不成立。

(3)数量。它是合同标的(权利义务)大小或者多少的具体计量条件,以数字和计量单位来衡量。

(4)质量。它表明标的的内在素质和外观形态,是合同当事人履行权利义务优劣的尺度。

(5)价款或者报酬。在有偿合同中,取得合同标的一方当事人向对方用货币支付的价金即价款。合同的一方当事人对提供劳务或者完成一定工作量的另一方当事人给付的酬金即报酬。在合同中应明确数量、支付时间和支付方式。

(6)履行期限、地点和方式。履行期限是合同当事人完成合同所规定的各自义务的时间界限,是衡量合同是否按时履行的标准。履行地点是合同当事人履行义务的地方,也是确定管辖权的依据之一。履行方式是合同当事人约定履行合同规定义务的方法。

(7)违约责任,是合同当事人一方或者双方违反合同规定,不履行或者不完全履行义务应承担的法律责任。

（8）解决争议的方法，是解决合同纠纷的方法，当事人可以约定。解决争议的方法主要有协商、调解、仲裁和诉讼。

四、合同的效力

合同效力是指已经成立的合同在当事人之间产生了一定的法律约束力。《合同法》第 8 条规定："依法成立的合同，对当事人具有法律约束力。当事人应当按照约定履行自己的义务，不得擅自变更或者解除合同。"可见，合同的约束力主要体现在对当事人的约束力上。

（一）合同成立

合同成立不等于合同生效。一般来说，合同成立在先，合同生效在后。合同生效有以下几种情况：①合同成立时，合同即生效。②法律、法规规定应当办理批准、登记手续的，只有经过批准、登记后，合同才生效。③附条件和附期限合同，只有条件成熟时和期限到来时，才生效。

（二）附条件和附期限合同

附条件合同是合同当事人约定把一定的条件成熟与否作为合同生效是否发生或者消灭的依据的合同。有两种情况：一是附生效条件合同，是指合同的效力自约定的条件成熟起产生。如本合同自交付定金之日起生效。二是附解除条件合同，即合同的效力自约定的条件成熟时终止。如双方当事人在合同中约定，本合同若因不可抗力影响合同不能履行持续超过三十天，则合同解除。

附期限合同是合同当事人约定一定的期限作为合同的效力发生或者终止条件的合同。有两类：一是附生效期限合同，是合同当事人在合同中约定生效期限的合同。如本合同自某年某月某日生效或者本合同自签字之日起生效。二是附终止期限合同，是合同当事人在合同中约定终止期限的合同。如当事人在合同中约定：本合同有效期限为三个月。

附条件合同和附期限合同的主要区别是：附条件合同中的条件是否成熟是不确定的，而附期限合同中的期限是确定的。

(三)效力待定合同

效力待定合同是合同虽然已经成立,但是不完全符合法律规定的有效条件,其效力处于未确定状态的合同。种类有:

1.合同主体不合格

(1) 无民事行为能力人订立的合同。无民事行为能力人只能由其法定代理人代理订立合同,不能独立订立合同,否则,在法律上是无效的。但是"纯获法律上利益"的行为有效。《最高人民法院关于执行〈中华人民共和国民法通则〉若干问题的意见》第六条规定:"无民事行为能力人、限制民事行为能力人接受奖励、赠与、报酬,他人不得以行为人是无民事行为能力人或限制民事行为能力人为由,主张该行为无效。

(2) 限制民事行为能力人依法不能独立订立的合同。限制民事行为能力人可以进行与自己年龄、智力和健康状况相适应的民事行为,其他民事行为由他的法定代理人代理或者必须征得法定代理人的同意。《合同法》第47条规定:"限制民事行为能力人订立的合同,经法定代理人追认后,该合同有效,但纯获利益的合同或者与其年龄、智力、精神健康状况相适应而订立的合同,不必经法定代理人追认。法定代理人的意思表示包括事先许可和事后追认,方式可以口头或者书面。

相对人的催告权和撤销权。相对人可以催告法定代理人在一个月内予以追认。法定代理人未作表示的,视为拒绝追认。善意相对人(即事先不知对方是限制民事行为能力人)在合同被追认前,享有撤销权。撤销必须以通知的方式作出即以明示方式作出,形式要符合合同形式。撤销权应当同时具备三个条件:一是唯有善意相对人才能享有;二是必须在法定代理人未追认前行使;三是必须采取通知方式,默示不构成撤销。

2.因无权代理订立的合同

行为人没有代理权,超越代理权或者代理权终止后仍以被代理人名义订立的合同,未经被代理人追认,对被代理人不发生效力,由行为人承担责任。相对人可以催告被代理人在一个月内予以追认。被代理人未作表示的,视为拒绝追认。善意相对人享有撤销权,应当以通知方式作出明示,而且必须在追认前作出。但是,特别注意的是,我国《合同法》第49条规定:"行为人没有代理权、超越代理权或者代理权终止后以被代理人名义订立合同,相对人有理由相信行为有代理权的,该代理行为为有效",无须本人追认。所谓表见代理,就是无权代理人的代理行为客观上有使相对人相信其有代理权的情况,且相对人主观上为善意且无过错,因而可以向被代理人主张代理的效力。其构成要件有三:①无权代理人并没有获得本人的授权;②相对人主观上必须为善意,无过错。③无权代理人与相对人所订立的合同,不存在无效和可撤销的内容。如:法人或者其他组织的法定代表人、负责人超越权限订立的合同,除相对人知道或者应当知道其超越权限的以外,该代表行为为有效。

3.无权处分行为

所谓无权处分行为,是指无处分权人处分他人财产而订立的合同。具有以下特点:一是无处分权人实施了处分他人财产的行为;二是此种合同必须经过权利人追认;三是如果无权处分人事后取得权利,也可以导致无权处分行为有效。如果权利人没有追认或者无权处分人事后没有取得权利,此处分行为无效。处理方法是应当返还财产或者赔偿损失。

4.无效合同

无效合同是指合同虽然已经成立,但是因合同的内容和形式违反法律,法规的要求,始终不产生法律效力的合同。无效合同有以下特征:一是具有违法性;二是国家干预;三是具有不得履行性;四是始终无效。无效合同的种类:(包括无效合同和无效条款)①一方以欺诈,胁迫的手段订立合同,损害国家利益。②恶意串通,损害国家、集体或者第三人利益。③以合法形式掩盖非法目的。④损害社会公共利益。⑤违反法律、行政法规强制性规定。

合同法规定以下两种情况下的免责条款是无效的:①造成对方人身伤害的;②因故意或者重大过失造成对方财产损失的。这是因为:这两种行为具有一定的社会危害性和法律的谴责性;都可构成侵权行为责任。如果当事人约定这种侵权行为为免责的话,等于以合同的方式剥夺了当事人合同以外的权利。

5.可撤销合同

可撤销合同是指当事人在订立合同后,因意思表示不真实,法律允许撤销权人行使撤销权而使生效的合同归于无效。有以下特征:一是可撤销合同主要是意思表示不真实的合同。二是必须撤销权人主动行使撤销权,请求撤销合同,其他人无权撤销合同;国家也不主动干预。三是可撤销合同在未被撤销前是有效的。四是撤销权一旦行使,可撤销的合同原则上溯及其成立时的效力消灭。

撤销权的行使,不一定通过诉讼方式。如果向对方作出撤销的请求,对方没有表示异议,即产生撤销合同的后果。如果双方发生争议,则必须通过诉讼或者仲裁解决。撤销权必须在法定的期限内行使。《合同法》规定,撤销权的当事人自知道或者应当知道撤销事由之日起一年内行使;没有行使的,撤销权消灭,合同成为有效合同,当事人必须自觉履行合同中约定的义务。种类:①因重大误解订立的合同;②在订立合同时显失公平的;③一方以欺诈、胁迫的手段或者乘人之危,使对方在违背真实意思的情况下订立的合同。

6.合同被确认无效或被撤销后的处理

合同被确认无效或被撤销后,合同尚未履行的,不必履行;正在履行的,停止履行。处理方式有:

(1)返还财产:即当事人双方将按照合同从对方已取得的财产,各自返还对方,使财产关系恢复到订立合同前的状态。因为双方取得对方的财产没有法律依据,不受法律的保护和承认,故应当返还。

(2)折价补偿。如果当事人取得的财产不能返还或者没有必要返还的,应当折价补偿,只能根据市场价格予以补偿。

(3)赔偿损失。《合同法》第58条规定:"……有过错的一方应当赔偿对方因此所受到的损失,双方都有过错的,应当各自承担相应的责任。"其构成条件是:①损害事实的存在;②赔偿义务人具有过错;③过错行为与损失之间有因果关系。

(4)没收。如果双方当事人恶意串通损害国家利益的,因合同而取得的财产应当收归国家所有。

五、合同的履行

(一)合同无法履行时的处理

合同履行是合同法的核心。当事人订立合同是为了合同的履行以实现自己的经济目的。但是,如果遇到合同内容规定不明确或者没有约定,双方又无法协商解决,依法适用下列规定:一是质量要求规定不明确的。按照国家标准、行业标准履行;没有国家标准、行业标准的,按通常标准或者符合合同目的的特定标准履行。二是价款或者报酬不明确的。按照订立合同时履行地的市场价格履行。如果是执行政府定价或指导价的,在合同约定的交付期限内,遇政府价格调整时,按照交付时的价格计价;愈期交付标的物的,遇价格上涨时,按原价执行,遇价格下降时,按新价执行;愈期提取标的物的或者愈期付款的,遇价格上涨时,按新价执行,遇价格下降时,按原价执行。三是履行地点不明确。给付货币的,在接受货币方所在地履行;交付不动产的,在不动产所在地履行;其他标的,在履行义务方所在地履行。四是履行期限不明确的。债务人可以随时履行自己的义务;债权人也可以随时要求对方履行义务,但应当给对方必要的准备时间。五是履行的方式不明确。按照有利于实现合同目的的方式履行。六是履行费用的负担不明确的,由履行义务方承担。

(二)双务合同中的抗辩权

在双务合同中,权利人请求义务人履行时,义务人可以以另外的法律事实(如权利人为同时履行、履行不符合约定或者丧失履行能力等),拒绝履行自己义务的权利。这只能是中止合同的履行,不会导致合同的消灭。有三种:

1. 同时履行抗辩权

在双务合同中,如果没有约定履行先后,当对方当事人没有履行义务或者虽然已经履行,但是不符合约定时,要求另一方履行义务的,另一方可以拒绝履行自己的义务。

2. 先行履行抗辩权

在双务合同中,如果有先后履行的约定,当先履行义务的当事人没有履行或者虽然已经履行义务,但不符合合同的约定,履行义务在后的当事人可以拒绝履行自己的义务。

3. 不安抗辩权

在双务合同中,如果有履行先后的约定,履行在先的当事人确知履行在后的当事人可能丧失履行能力而中止履行。等待对方当事人恢复履行能力或者提供担保后再恢复履行。

六、合同的保全

为了防止债务人的财产不当减少或者不增加给债权人带来损害，允许债权人行使撤销权和代位权，以维护自己的债权。

(一)代位权

根据我国《合同法》第73条规定：债权人的代位权是因债务人怠于行使其到期的债权，对债权人造成损害的，债权人可以向人民法院请求以自己的名义代位行使债务人的债权。这就是说，如果债务人不履行自己的债务，同时又对自己到期的债权不主张，那么债权可以行使代位权，但是，这个权利的取得，必须通过法院判决。

(二)撤销权

根据我国《合同法》第74条规定：债权人的撤销权是因债务人放弃到期的债权或者无偿转让财产，对债权人造成损害的，债权人可以向人民法院请求撤销债务人这一处分行为的权利。主要是针对债务人的以下三种行为：①放弃到期的债权；②无偿转让财产；③以明显不合理的低价转让财产，并且第三人是知道该情形的，如李四知道张三欠王五10万元，李四还购买张三明明可以出卖价为10万元，而却以6万元出卖的房子。王五如果知道该情形，对这一买卖行为，可以向人民法院主张行使撤销权。但是，如果李四不知道张三欠王五的债，债权人不可以行使撤销权。"撤销权自债权人知道或者应当知道撤销事由之日起一年内行使。自债务人的行为发生之日起五年内没有行使撤销权的，该撤销权消灭。"

七、合同变更和转让

合同的变更，广义上包括合同内容和合同主体的变更，狭义上是指合同内容的变更。在合同法中，合同主体的变更称为"合同转让"。而合同内容的修改或者补充才称为"合同的变更"。

所谓合同的变更，是指在合同成立后至未履行或者未完全履行之前，当事人经过协议对合同的内容进行修改和补充的行为。导致合同变更的情形大体有以下几种：一是基于法律的直接规定；二是双方对合同有重大误解;三是显失公平;四是当事人协商同意。合同变更必须具备以下条件:①原来已存在合同关系并且有效。合同的变更是对原来合同内容的改变,否则就没有对象。同时,原来合同必须有效,否则,修改就没有意义。②修改合同的内容,如标的、数量、质量、价款或者报酬等。③合同变更必须依当事人的协议或者法律直接规定或者法院和仲裁机机关的裁决。④合同变更必须符合法律要求的方式。合同变更原则上只能对将来发生效力,已经履行的不因合同变更而失去法律依据。未变更的内容仍然有效。合同变更的内容约定不明确的,推定为未变更。

合同转让是合同主体的变更,是指合同的一方当事人将合同的全部或者部分权利和义务转让给第三人,包括合同的权利转让、合同的义务转让和合同权利义务的概括转让。有以下特点:一是不改变合同内容,只是合同主体变更;二是不产生新的权利义务;三是不仅要第三人接受,而且要通知另一方当事人或者征得另一方当事人的同意。

1.合同权利的转让

合同权利的转让是指合同债权人将其合同权利的全部或者部分转让给第三人。合同权利转让的有效要件:必须有有效的合同权利;转让人与受让人必须就合同的转让达到协议;被转让的合同权利必须具有让与性;转让合同权利按照法律、行政法规的规定需要办理批准、登记等手续。有下列情形之一的,不得转让:一是根据合同性质不得转让的,如赠与合同。二是按照当事人约定不得转让的,如约定必须由承揽人来完成的加工任务的合同。三是依照法律规定不得转让的合同。债权人转让合同权利无需征得债务人同意,但债权人负通知义务,未经通知,该转让对债务人不发生效力。

2.合同义务的转让

合同义务的转让是指债务转移,即经债权人同意,债务人将合同的义务全部或者部分转移给第三人的行为。构成要件:必须有有效的债务存在;标的具有让与性;必须以债务承担为内容;必须经债权人同意。

3.合同权利义务的概括转让

合同权利义务的概括转让是指经对方当事人同意,当事人一方将自己在合同中的权利义务一并转让给第三人。

八、合同的解除和终止

合同解除是指合同生效后,在尚未履行或者尚未履行完毕之前,终止合同权利义务的行为。一种是由合同当事人协商即通过当事人的解除行为来实现的。另一种是因情事变更,履行合同确实困难,若履行即显失公平,由法院裁决解除合同。具有以下法律特征:必须是有效合同;必须具备法定解除条件(第94条规定了一般法定解除的条件,第148、219条规定了特别法定解除条件);原则上必须有解除行为(解除行为是合同当事人的行为,有两种类型:一是当事人协商;二是有解除权的一方发出解除的意思表示。但是,情事变更时,如合同的解除是由法院裁决的,那么不需要解除行为);解除的效果使合同关系消灭。

合同权利义务终止即合同消灭,指原来合同关系在客观上不已存在,合同的权利义务归于消灭。导致合同权利义务终止的情形有:

1.清偿,即履行完毕

清偿是指根据合同的约定实现债权目的的行为,即当事人按合同约定全面履行各自义务完毕,是合同终止最正常的情形。

2.抵消

抵消是指双方互负债务时,各以其债权以充当债务之清偿,从而使其债务与对方的债务在对等额内相互消灭。

3.提存

提存是指由于债权人的原因而无法向其交付合同标的物时,债务人将该标的物交给提存部门而消灭合同的制度。提存的原因:债权人无正当理由拒绝受领;债权人下落不明;债权人死亡或者丧失行为能力,又没有确定继承人或监护人。提存人在交付提存标的物的同时,应当提交提存书。提存书应载明提存人的姓名(名称),提存物的名称、种类、数量以及债权人的姓名、住址等基本内容。此外,提存人应提交债务证据,以证明其所提存之物确系所负债务的标的物;提存人还应提交债权人受领迟延或下落不明等致使债务人无法履行的证据。债权人领取提存物的权利,自提存之日起5年内不行使而消灭,提存物扣除提存费用后归国家所有。提存的费用由提存的受领人承担。

4.免除

免除是指债权人放弃其全部或者部分债权,从而全部或者部分消灭合同权利义务的单方行为(第105条)。免除行为是无偿的。免除的方式可以书面,也可以口头,是非要式行为。作出免除行为的人必须有民事行为能力。免除行为作出即产生债务消灭的效果。免除不得撤回。

5.混同

混同是指债权和债务同归一人,致使合同权利义务关系消灭的事实。例如企业的合并,合并前的两个企业之间有债权债务时,企业合并后因同归一个企业而消灭。

九、违约责任

违约责任即违反合同的民事责任,是指合同当事人因违反合同义务所承担的责任。它的产生必须以合同有效存在为前提。《合同法》第107条规定:"当事人一方不履行合同义务或者履行合同义务不符合约定的,应当承担继续履行、采取补救措施或者赔偿损失等违约责任"。有以下特征:

(1)它的产生是以合同当事人不履行合同义务为条件的。债务是责任发生的前提,债务是因,责任是果,即债务不履行的果。

(2)违约责任具有相对性,这是指违约责任只能发生在特定的当事人之间,即合同关系的当事人之间;合同关系以外的人不负违约责任。

(3)违约责任主要具有补偿性,是指违约责任的主要目的在弥补因违约行为造成的损害后果。因为合同是强调平等、等价有偿原则的。否则,当事人之间的利益就失去平衡。

(4)违约责任可以由当事人约定,这说明它虽然有明显的强制性,但也有一定的任意性。《合同法》第114条规定:"当事人可以约定一方违约时应当根据违约情况向对方支付一定数额的违约金,也可以约定因违约产生的损害赔偿额的计算方法"。此外,当事人还可以设定免责条款以限制和免除其在将来可能发生的责任。

(5)违约责任是民事责任的一种形式。《民法通则》第六章中的"民事责任"包含两种责任,即违约责任和侵权责任。违约责任的一般要件是:①必须有违约行为;②不存在法定或约定的免责事由。因为违约行为并不是违约责任的唯一构成要件。我国《合同法》采纳了过错推定原则,根据这一原则,如果一方当事人能够举证证明另一方违约,则推定另一方具有过错并承担违约责任;除非另一方能够举证证明其违反合同具有法定或者约定的免责事由,从而表明自己没有过错,应当免除承担违约责任。

从不同的角度对违约行为分类,违约行为可分为以下形态:

1.予期违约和届期违约

予期违约是指在履行期限届满前,当事人一方明确表示或者以自己的行为表明不履行合同义务的情况。对于当事人的予期违约,另一方当事人除了解除合同外,还可以要求对方承担违约责任。违约行为发生在合同履行期限届满以后的,为届期违约。

2.单方违约和双方违约

一方当事人违约的,称为单方违约。双方当事人违约的,称为双方违约。《合同法》第120条规定:"当事人双方都违反合同的,应当各自承担相应的责任。"

3.合同的不履行和不适当履行

合同的不履行是指合同当事人不履行合同义务。合同的不适当履行是指当事人履行合同义务不符合约定的条件,它包括一般瑕疵履行和加害履行。

一般瑕疵履行有数量不足、质量不符、履行方法、履行地点不当以及履行迟延等表现形式。加害履行是指造成对方当事人的财产、人身损害的行为。如因产品存在缺陷,导致债权人伤亡的,即为加害履行。值得注意的是:受害人在要求索赔时,不能同时要求两项,只能请求一项,但是,要求违约方承担违约责任还是侵权责任,由受害方决定。

4.债务人履行迟延和债权人受领迟延

债务人超逾履行期限而履行债务的,称为债务人履行迟延。债权人超逾受领期限的受领,称为债权人受领迟延。

5.第三人违约和当事人违约

违约是由第三人的行为造成的,称为第三人违约。违约是由合同当事人造成的,称为当事人违约。我国《合同法》121条规定:"当事人一方因第三人的原因造成违约的,应当向对方承担违约责任。当事人一方和第三人之间的纠纷,依照法律规定或者按照约定解决。

违反了合同义务,当事人就应承担违约责任。我国《民法通则》第111条和《合同法》第107条都作了规定,承担违约责任的种类有继续履行、采取补救措施、停止违约行为、赔偿损失、赔礼道歉、支付违约金和定金等。

1.继续履行

合同当事人在不履行或者履行中有些不适当时,另一方当事人有权要求对方继续履行合同义务。它适用于以下三种违约状态:一是债务人无正当理由拒不履行;二是债务人履行合同有些不适当,如数量不足、品牌不符等;三是债权人受领迟延的。

2.采取补救措施

债务人在履行合同有些不适当的情况下,可以采取补救措施,以实现合同目的。如产品有轻微的质量瑕疵,可以修理,使其达到质量要求。所以,修理就是一种补救措施。

3.停止违约

合同一方当事人违约的,另一方当事人可以请求其停止违约行为。

4.赔偿损失

赔偿损失是指一方当事人违反合同给对方当事人造成财产等损失的赔偿。其构成要件有四:一是有违约行为;二是有损失后果;三是违约行为与财产损失之间有因果关系;四是违约人有主观的过错。它与违约金的关系是:两者都是合同责任主要形式。所不同的是:赔偿金是补偿责任形式;而违约金具有补偿和处罚双重性,在没有损失的情况下也应支付违约金。如果有损失存在的情况下,又有违约金的约定,那么就要看损失有没有超过违约金,如果损失大于违约金的,还要支付赔偿金;如果损失小于违约金的,那么只有违约金,而不能请求赔偿金。

5.违约金责任

违约金责任是指按照当事人约定,违约方向另一方支付一定的金钱。它有以下特征:一是违约金是由当事人协商确定的。二是违约金的数额是预先确定的。三是违约后生效的责任形式。它与损害赔偿、继续履行、解除合同等可以同时并用。对于违约金,国家采取干预政策。《合同法》第 114 条规定:"约定的违约金低于造成的损失的,当事人可以请求人民法院或者仲裁机构予以增加;约定的违约金过分高于造成的损失的,当事人可以请求人民法院或者仲裁机构予以适当减少"。这主要是从公平和诚实信用原则出发,为了防止不正当的利益,鼓励人们去牟取正当和合法收入。

6.定金

定金是指合同当事人为了确保合同的履行,依据法律规定或者当事人合同中的约定,由一方当事人预先支付给另一方一定数额的金钱。定金法则是:"如果支付定金方违约,无权请求返还定金。如果接受定金方违约,则应当双倍返还定金。"定金虽然可由当事人约定,但是要受到法律的限制。根据我国《担保法》第 91 条规定:"定金的数额由当事人约定,但不得超过主合同标的额的 20%"。定金与违约金不能同时并用。《合同法》第 116 条规定:"当事人既约定违约金,又约定定金的,一方违约时,对方可以选择适用违约金或者定金条款"。定金不能代替损害赔偿。定金不以实际损失发生为前提。这就是说,违约支付定金后,如果给对方造成损害的,还要支付赔偿金,两者是可以并用的。但是,定金和赔偿金的总金额不得超过合同标的的价值。

免责事由是指在合同履行过程中,因出现了法定的免责条件和约定的免责情形导致合同不履行,债务人将被免除履行合同的义务。法定的免责事由即不可抗力。《合同法》第 117 条规定:"不可抗力是指不能预见、不能避免并不能克服的客观情况",包括自然现象和社会现象。有以下几钟情况:①自然灾害,如地震、台风、洪水、海啸等。②政府行为。当政府颁布法律、法规或者政策等导致合同不能履行,如禁止某种产品的买卖或者禁止对某商品的运输等。③社会异常现象,即偶发事件的发生,如罢工、骚乱等。

责任竞合是指由于某种法律事实的发生导致两种或者两种以上的责任产生,这些责任彼此是相互冲突的。在民法中,责任竞合主要表现为违约责任和侵权责任的竞合。如某人刚买来一双新鞋穿在脚上,因为鞋子的质量问题,走路时鞋跟掉了造成脚伤。商店的行为即因为质量问题而构成违约,又因为造成他人脚伤而构成侵权。我国《合同法》第 122 条规定,在发生违约责任和侵权责任的竞合情况下,允许受害人选择一种责任提起诉讼。这就是说,如果当事人选择了要求对方承担违约责任,就不能同时要求对方承担侵权责任。

十、解决合同争议的方式

根据我国《合同法》第128条规定,解决合同纠纷的方式有和解、调解、仲裁和起诉四种。

(一)和解

和解是指合同纠纷发生后,由合同当事人就合同争议的问题进行磋商,双方都作些让步,在彼此认为可以接受的基础上达成和解协议的方式。和解是在合同双方当事人之间进行的,没有外界参与,有一定的灵活性,气氛比较好,而且省钱省事,不伤和气,效率比较高。

(二)调解

调解是指合同当事人自愿将合同争议提交给第三者,在第三者的主持下进行协商的方式。它与和解的共同之处就是气氛比较好,所不同的是在第三人主持下进行的。

(三)仲裁

仲裁是指合同当事人根据仲裁条款或者协议将合同争议提交给仲裁机构并由仲裁机构作出裁决的方式。双方当事人必须自愿达成仲裁条款或者仲裁协议。否则,不能申请仲裁。

(四)起诉

起诉是指当事人为了解决合同纠纷而依法向人民法院提起诉讼请求的行为。必须是没有仲裁条款或者协议,或者在仲裁条款或者协议无效的情况下,合同的任何一方当事人才可以向人民法院起诉。我国采取的做法是或"裁"或"审",而不是又"裁"又"审"。当事人一旦选择了仲裁的方式,就不能再向人民法院提起诉讼。

十一、如何审查合同

要想让签订的合同得到法律的保护,必须有效。对于无效合同或可撤销合同,当事人即使已经履行了,也不能或者不一定能够得到法律的保护。所以对合同效力的审查就特别重要。那么如何审查合同? 主要审查以下方面内容：

（1）签订合同的主体是否合格。如果是自然人，审查其是否达到法定年龄、智力是否正常；如果是法人，审查其是否符合经营范围；如果是不具备法人资格的其他组织，审查其是否具有营业执照。

（2）意思表示真实。合同的订立是否在欺诈、胁迫、乘人之危或者重大误解情况下所为。

（3）内容和形式必须符合法律和社会公共利益。合同的内容只要违反法律就一定是无效合同，得不到法律的保护。特殊合同即要式合同还必须符合法律规定方式。否则，即使合同成立了，也不会生效，从而使合同得不到法律的保护。

第二节　票据法

一、票据的概念

票据，是指由出票人依法签发的，约定自己或者委托付款人于到期日或者见票时，无条件支付票据金额给收款人或者持票人的有价证券。

票据有广义和狭义之分，广义的票据包括各种有价证券和凭证；狭义的票据则是指票据法上所称的票据。我国的票据法所指的票据是狭义上的票据，仅指汇票、本票和支票。

二、汇票

（一）汇票概述

汇票是指出票人签发的，委托付款人在见票时或者在指定日期无条件支付确定的金额给收款人或者持票人的票据。

根据《票据法》的规定，汇票的法定记载事项分为绝对应记载事项和相对应记载事项。绝对应记载事项若欠缺记载，汇票无效，主要包括七项内容：①表明"汇票"字样；②无条件支付的委托；③确定的金额；④付款人名称；⑤收款人名称；⑥出票日期；⑦出票人签章。相对应记载事项，是指票据法规定应当记载的事项，但若未在汇票上记载，也不影响汇票本身的效力，包括以下事项：①付款日期，未记载该项的，视为见票即付；②付款地，未记载的，以付款人的营业场所、住所、经常居住地为付款地；③出票地，未记载，以出票人的营业场所、住所、经常居住地为出票地。

(二)出票

出票是指出票人签发票据并将其交付给收款人的票据行为，包括两个行为：一是出票人依票据法的规定签发票据，即在原始票据上记载法定事项并签章；二是交付票据，即将签发的票据交付他人占有。

汇票的出票人必须与付款人具有真实的委托付款关系，并且具有支付汇票金额的可靠资金来源；除因税收、继承、赠予或依法无偿取得票据外，不得签发无实价的汇票。

(三)背书

背书指持票人在票据背面或粘单上记载相关事项并签章转让票据权利的票据行为。背书需要记载法定事项，并且不得附加条件和部分转让汇票金额或将汇票金额分别转让给两人以上。汇票当事人可以作出禁止背书的约定。

汇票的背面应当连续，以表明汇票上的一切权利实现由背书人向被背书人的转移，并起到票据权利担保的效力，当汇票不获承兑或不获付款时，背书人对于被背书人及其所有后手均负有偿还票款的义务。

(四)承兑

承兑是汇票特有的一种法律制度，只有经过承兑，付款人才成为现实的票据债务人。根据票据法规定，定日付款或出票后定期付款的汇票，持票人应在汇票到期日前向付款人提示承兑；见票后定期付款的汇票，持票人应自出票起一个月内向付款人提示承兑。见票即付的汇票不需要提示承兑。

付款人对向其提示承兑的汇票，应当自收到该票三日内承兑或拒绝承兑，并应向持票人签发收到汇票的回单。

付款人承兑汇票的，应当在汇票正面记载"承兑"字样和承兑日期并签章；见票后定期付款的汇票，应当在承兑时记载付款日期；汇票上未记载承兑日期的，以付款人收到提示承兑的汇票之日起的第三日为记载付款日期；付款人承兑汇票，不得附有条件，否则视为拒绝承兑。

(五)保证

保证是一种附属票据行为，以票据债务人以外的第三人来担保特定票据债务人履行债务。保证人必须在汇票或粘单上记载下列事项：①表明"保证"字样；②保证人名称和住所；③被保证人的名称；④保证日期；⑤保证人签章。

保证人未注明被保证人名称的，已承兑的汇票，承兑人为被保证人；未承兑的汇票，出票人为被保证人。未记载保证日期的，出票日期为保证日期。

(六)付款

付款是指汇票付款人及其代理付款人支付汇票金额以消灭票据关系的行为。因为票据是一种流通性极强的证券，所以票据法规定持票人应当按照期限提示付款；①见票即付的汇票，自出票日起一个月内向付款人提示付款；②定日付款、出票后定期付款或者见票后定期付款的汇票，自到期日起十日内向承兑人提示付款。如果持票人未按照规定期限提示付款，则丧失对其前手的追索权。但承兑人或付款人仍应当对持票人承担付款责任。

持票人获得付款，应当在汇票上签收后交付付款人，付款方应当审查汇票背书的连续性，并审查提示付款人的合法身份证明或者有效证件。付款人及其代理人以恶意或重大过失付款的，应当自行承担责任。

(七)追索权

所谓追索权，是指根据票据法的规定，在汇票到期日前，有下列情况之一的：①汇票被拒绝承兑；②承兑人或付款人死亡、逃匿的；③承兑人或者付款人被依法宣告破产或者因违法被责令终止业务活动的，持票人可以向其前手请求偿还票据的法定款项的权利。但持票人须事前行使保全手续：一是在法定提示期内提示承兑或提示付款；二是在不获承兑或不获付款时，在法定期限内作成拒绝证明。

持票人行使追索权有对前手的通知义务，未尽通知义务给汇票其他当事人造成损失的应对该损失负赔偿责任，但以票据金额为限。

持票人在行使追索权时可以不按照汇票债务人的先后顺序，对其中任何一人、数人或者全休行使追索权。

三、本票

本票是出票人签发的,承诺自己在见票时无条件支付确定的金额给收款人或者持票人的票据。我国的本票仅限于银行本票,分不定额和定额两种,只限见票即付。按照现行立法体例,《票据法》总则中的内容,汇票中关于出票、背书、保证、付款、追索权等有关规定,除法律有明确规定的,适用于本票。

本票自出票之日起,付款期限最长不超过两个月。

四、支票

支票是出票人签发的,委托办理支票存款业务的银行或其他金融机构在见票时无条件支付确定的金额给收款人或持票人的票据。

支票必须记载下列事项,否则无效:①表明"支票"字样;②无条件支付的委托;③确定的金额;④付款人名称;⑤出票日期;⑥出票人签章。禁止签发空头支票,支票印章须与预留印章相符。

支票限见票即付,持票人应当自出票日起 10 日内提示付款;异地使用支票,提示付款的期限由中国人民银行另行规定。超过提示付款期限,付款人可以不予付款;付款人不予付款的,出票人仍应当对持票人承担票据责任。

第三节 产品质量法

一、产品质量法的概念

《中华人民共和国产品质量法》是调整因产品质量所发生的经济关系的法律规范。所谓产品是指经过加工、制作,用于销售的产品,不包括建设工程。

二、产品质量法的内容

(一)产品质量监督管理

所谓产品质量监督管理,是指技术监督行政部门依法对产品质量

进行的管理活动。依《中华人民共和国产品质量法》第二章规定,主要
包括以下措施:

(1)产品检验制度,产品必须经过相关检验,未经检验的产品视为
不合格产品;

(2)对某些特殊或重要产品实行特殊的管理制度;

(3)国家鼓励和推行企业质量体系认证和产品质量认证制度;

(4)对产品质量实施监督检查。

(二)产品质量责任

产品质量责任指产品生产者、销售者以及其他相关当事人对产品
质量所应承担的义务和法律责任。

三、生产者的产品质量责任和义务

(一)产品质量应当符合的要求

(1)不存在危及人身、财产安全的不合理因素。有保障人体健康、
人身、财产安全的国家标准、行业标准;

(2)具备产品应当具备的使用性能,但是对产品存在使用性能的瑕
疵有说明的除外;

(3)符合在产品或者其包装上注明采用的产品标准,符合以产品说
明、实物样品等方式表明的质量状况。

(二)产品或其包装上的标识应当符合的要求

(1)有产品质量检验合格证明;

(2)有中文表明的产品名称、生产厂名和厂址;

(3)根据产品的特点和使用要求,需要标明产品规格、等级、所含主
要成分的名称和含量,相应予以标明;

(4)期限使用的商品,标明生产日期和安全使用期或者失效日期;

(5)使用不当,容易造成产品本身损坏或者可能危及人身、财产安
全的产品有警示标志或者中文警示说明。

裸装的食品和其他根据产品的特点难以附加标识的裸装产品,可
以不附加标识。

剧毒、危险、易碎、储运中不能倒置以及有其他特殊要求的产品,其

包装必须符合相应要求,有警示标志或者中文警示说明,标明储运注意
事项。

(三)不得违背下列禁止性规定

(1)不得生产国家明令淘汰的产品;

(2)不得伪造产地,不得伪造或者冒用他人的厂址、厂名;

(3)不得伪造或者冒用认证标志、名优标志等质量标志;

(4)不得掺杂、掺假,不得以假充真、以次充好,不得以不合格产品
冒充合格产品。

四、销售者的产品质量责任和义务

销售者应当执行进货检查验收制度,验明产品合格证明和其他标
识;销售者销售产品的标识应当符合法律规定;销售者应当采取措施,
保证销售产品的质量。

五、产品质量责任

产品质量责任是指生产者、储运者、销售者以及对产品质量负有直
接责任的人违反产品质量义务应承担的法律后果,即法律责任,主要有
三种责任形式:

(1)民事责任,包括违约责任和侵权责任两种;

(2)行政责任,包括对生产者、销售者的行政处罚和对个人责任者
给予的行政处分;

(3)刑事责任,即对由于产品质量原因造成人身伤亡、财产损失的,
触犯刑律的,依法追究责任人的刑事责任。

六、产品质量责任的免责条件

(一)生产者能够证明有以下情形之一的不承担赔偿责任

(1)未将产品投入流通的;

(2)产品投入流通时,引起损害的缺陷尚不存在的;

(3)将产品投入流通时的科学技术水平尚不能发现缺陷存在的。

(二)下列情况不负质量责任

(1)损害是由于消费者擅自改变产品的性能、用途或者没有按照产品的使用说明使用并且确因改变或使用不当造成的;

(2)损害是由于受害人故意造成的;

(3)损害是由于常识性的危险造成的;

(4)损害是由于使用者自身特殊敏感所致;

(5)产品已过明示的有效期;

(6)超过诉讼时效。

第四节　消费者权益保护法

一、消费者权益保护法的保护范围

消费者权益保护法是保护消费者合法权益的法律规范的总称,此中的消费者是指为生活需要而购买、使用商品或者接受服务的个人,并且目的是为生活需要。但根据我国《消费者权益保护法》第54条的规定,农民购买、使用直接用于农业生产的生产资料,如化肥、农药、农机等,也适用《消费者权益保护法》。

二、消费者的基本权利

(1)安全保障权:是指消费者在购买、使用商品和接受服务时享有人身、财产不受损害的权利。

(2)知情权:是指消费者享有知悉其购买、使用的商品或者接受的服务的真实情况的权利。

(3)自主选择权:即消费者享有自主选择商品或者服务的权利。

(4)公平交易权。

(5)获得赔偿权:消费者因购买、使用商品或者接受服务受到人身、财产损害的,享有依法获得赔偿的权利。

(6)结社权:消费者享有依法成立维护自身合法权益的社会团体的权利。

(7)获得相关知识权:消费者享有获得有关消费和消费者权益保护

方面的知识的权利。

(8)人格尊重和风俗习惯受尊重权:消费者在购买、使用商品和接受服务时享有其人格尊严、民族风俗习惯受到尊重的权利。

(9)监督权:消费者享有对商品和服务以及保护消费者权益工作进行监督的权利。

三、经营者的基本义务

1.履行规定和约定的义务

经营者向消费者提供商品或者服务,应依照《中华人民共和国产品质量法》和其他有关法律、法规的规定履行义务。经营者和消费者有约定的,应当按照约定履行义务,但双方的约定不得违背法律、法规的规定。

2.接受监督的义务

经营者应当听取消费者对其提供的商品或者服务的意见,接受消费者的监督。

3.保证商品和服务安全的义务

经营者应当保证其提供的商品或者服务符合保障人身、财产安全的要求。对可能危及人身、财产安全的商品和服务,应当向消费者作出真实的说明和明确的警示,并说明和标明正确使用商品或者接受服务的方法以及防止危害发生的方法。经营者发现其提供的商品或者服务存在严重缺陷,即使正确使用商品或者接受服务仍然可能对人身、财产安全造成危害的,应当立即向有关行政部门报告和告知消费者,并采取防止危害发生的措施。

4.提供真实信息的义务

经营者应当向消费者提供有关商品或者服务的真实信息,不得作引人误解的虚假宣传。经营者对消费者就其提供的商品或者服务的质量和使用方法等问题提出的询问,应当作出真实、明确的答复。商店提供商品应当明码标价。

5.标明真实名称和标记的义务

经营者应当标明其真实名称和标记。租赁他人柜台或者场地的经营者,应当标明其真实名称和标记。

6.出具购货凭证或服务单据的义务

经营者提供商品或者服务,应当按照国家有关规定或者商业惯例向消费者出具购货凭证或者服务单据;消费者索要购货凭证或者服务单据的,经营者必须出具。

7.保证商品或者服务质量的义务

经营者应当保证在正常使用商品或者接受服务的情况下其提供的商品或者服务应当具有的质量、性能、用途和有效期限;但消费者在购买该商品或者接受该服务前已经知道其存在瑕疵的除外。经营者以广告、产品说明、实物样品或者其他方式表明商品或者服务质量状况的,应当保证其提供的商品或者服务的实际质量与表明的质量状况相符。

8.履行"三包"和其他责任的义务

经营者提供商品或者服务,按照国家规定或者与消费者的约定,承担包修、包换、包退或者其他责任的,应当按照国家规定或者约定履行,不得故意拖延或者无理拒绝。

9.不得非法限制消费者权利的义务

经营者不得以格式合同、通知、声明、店堂告示等方式作出对消费者不公平、不合理的规定,或者减轻、免除其损害消费者合法权益应当承担的民事责任。格式合同、通知、声明、店堂告示等含有前款所列内容的,其内容无效。

10.不得侵犯消费者人格的义务

经营者不得对消费者进行侮辱、诽谤,不得搜查消费者的身体及其携带的物品,不得侵犯消费者的人身自由。

四、争议的解决

消费者和经营者发生争议,可以通过下列途径解决:

(1)协商和解;

(2)请求消费者协会调解;

(3)向有关行政部门申诉;

(4)有仲裁协议的可以提请仲裁;

(5)向人民法院提起诉讼。

五、法律责任

(1)违反《中华人民共和国产品质量法》应负相应的民事、行政或刑事责任。

(2)经营者提供商品或者服务有下列情形之一的,除本法另有规定外,应当依照《中华人民共和国产品质量法》和其他相关法律、法规的规定,承担民事责任:

1)商品存在缺陷的;

2)不具备商品应当具备的使用性能而出售时未作说明的;

3)不符合在商品或其包装上采用的商品标准的;

4)不符合商品说明、实物样品等方式表明的质量状况的;

5)生产国家明令淘汰的商品或者销售失效、变质的商品的;

6)销售的商品数量不足的;

7)服务的内容和费用违反约定的;

8)对消费者提出的修理、重做、更换、退化、补足商品数量、退还货款和服务费用或者赔偿损失的要求,故意拖延或者无理拒绝的;

9)法律、法规规定的其他损害消费者权益的情形。

(3)经营者提供商品或服务有欺诈行为的,应当按照消费者的要求增加赔偿其受到的损失,增加赔偿的金额为消费者购买商品的价款或者接受服务的费用的一倍。

第五节　农产品质量安全法

这里所指的农产品,是来源于农业的初级产品,即在农业活动中获得的植物、动物、微生物及其产品。农产品质量安全,是指农产品质量符合保障人的健康、安全的要求。

一、农产品质量安全标准

国家建立健全农产品质量安全标准体系。农产品质量安全标准是强制性的技术规范。

制定农产品质量安全标准应当充分考虑农产品质量安全风险评估

结果,并听取农产品生产者、销售者和消费者的意见,保障消费安全。

农产品质量安全标准应当根据科学技术发展水平以及农产品质量安全的需要,及时修订。

农产品质量安全标准由农业行政主管部门商有关部门组织实施。

二、农产品产地

县级以上地方人民政府农业行政主管部门按照保障农产品质量安全的要求,根据农产品品种特性和生产区域大气、土壤、水体中有毒有害物质状况等因素,认为不适宜特定农产品生产的,提出禁止生产的区域,报本级人民政府批准后公布。具体办法由国务院农业行政主管部门商国务院环境保护行政主管部门制定。

县级以上人民政府应当采取措施,加强农产品基地建设,改善农产品的生产条件。

县级以上人民政府农业行政主管部门应当采取措施,推进保障农产品质量安全的标准化生产综合示范区、示范农场、养殖小区和无规定动植物疫病区的建设。

禁止在有毒有害物质超过规定标准的区域生产、捕捞、采集食用农产品和建立农产品生产基地。

禁止违反法律、法规的规定向农产品产地排放或者倾倒废水、废气、固体废物或者其他有毒有害物质。

农业生产用水和用作肥料的固体废物,应当符合国家规定的标准。

农产品生产者应当合理使用化肥、农药、兽药、农用薄膜等化工产品,防止对农产品产地造成污染。

三、农产品生产

保障农产品质量安全的生产技术要求和操作规程由国务院农业行政主管部门和省、自治区、直辖市人民政府农业行政主管部门制定。县级以上人民政府农业行政主管部门应当加强对农产品生产的指导。

对可能影响农产品质量安全的农药、兽药、饲料和饲料添加剂、肥料、兽医器械,依照有关法律、行政法规的规定实行许可制度。

国务院农业行政主管部门和省、自治区、直辖市人民政府农业行主管部门应当定期对可能危及农产品质量安全的农药、兽药、饲料和饲料添加剂、肥料等农业投入品进行监督抽查,并公布抽查结果。

县级以上人民政府农业行政主管部门应当加强对农业投入品使用的管理和指导,建立健全农业投入品的安全使用制度。

农业科研教育机构和农业技术推广机构应当加强对农产品生产者质量安全知识和技能的培训。

农产品生产经营者和农民专业合作经济组织应当建立农产品生产记录,如实记载下列事项:

(1)使用农业投入品的名称、来源、用法、用量和使用、停用的日期;

(2)动物疫病、植物病虫草害的发生和防治情况;

(3)收获、屠宰或者捕捞的日期。

农产品生产记录应当保存二年。禁止伪造农产品生产记录。

国家鼓励其他农产品生产者建立农产品生产记录。

农产品生产者应当按照法律、行政法规和国务院农业行政主管部门的规定,合理使用农业投入品,严格执行农业投入品使用安全间隔期或者休药期的规定,防止危及农产品质量安全。

禁止在农产品生产过程中使用国家明令禁止使用的农业投入品。

农产品生产经营者和农民专业合作经济组织,应当自行或者委托检测机构对农产品质量安全状况进行检测;经检测不符合农产品质量安全标准的农产品,不得销售。

农民专业合作经济组织和农产品行业协会对其成员应当及时提供生产技术服务,建立农产品质量安全管理制度,健全农产品质量安全控制体系,加强自律管理。

四、农产品包装和标识

农产品生产经营者、农民专业合作经济组织以及从事农产品收购的单位或者个人销售的农产品,按照规定应当包装或者附加标识的,须经包装或者附加标识后方可销售。包装物或者标识上应当按照规定标明产品的品名、产地、生产者、生产日期、保质期、产品质量等级等内容;使用添加剂的,还应当按照规定标明添加剂的名称。具体办法由国务院农业行政主管部门制定。

农产品在包装、保鲜、贮存、运输中所使用的保鲜剂、防腐剂、添加剂等材料,应当符合国家有关强制性的技术规范。

属于农业转基因生物的农产品,应当按照农业转基因生物安全管理的有关规定进行标识。

依法需要实施检疫的动植物及其产品,应当附具检疫合格标志、检疫合格证明。

销售的农产品必须符合农产品质量安全标准,生产者可以申请使用无公害农产品标志。农产品质量符合国家规定的有关优质农产品标准的,生产者可以申请使用相应的农产品质量标志。

禁止冒用前款规定的农产品质量标志。

五、监督检查

有下列情形之一的农产品,不得销售:

(1)含有国家禁止使用的农药、兽药或者其他化学物质的;

(2)农药、兽药等化学物质残留或者含有的重金属等有毒有害物质不符合农产品质量安全标准的;

(3)含有的致病性寄生虫、微生物或者生物毒素不符合农产品质量安全标准的;

(4)使用的保鲜剂、防腐剂、添加剂等材料不符合国家有关强制性的技术规范的;

(5)其他不符合农产品质量安全标准的。

国家建立农产品质量安全监测制度。县级以上人民政府农业行政主管部门应当按照保障农产品质量安全的要求,制定并组织实施农产品质量安全监测计划,对生产中或者市场上销售的农产品进行监督抽查。监督抽查结果由国务院农业行政主管部门或者省、自治区、直辖市人民政府农业行政主管部门按照权限予以公布。

监督抽查检测应当委托符合有关规定条件的农产品质量安全检测机构进行,不得向被抽查人收取费用,抽取的样品不得超过国务院农业行政主管部门规定的数量。上级农业行政主管部门监督抽查的农产品,下级农业行政主管部门不得另行重复抽查。

农产品质量安全检测应当充分利用现有的符合条件的检测机构。

从事农产品质量安全检测的机构,必须具备相应的检测条件和能力,由省级以上人民政府农业行政主管部门或者其授权的部门考核合格。具体办法由国务院农业行政主管部门制定。

农产品质量安全检测机构应当依法经计量认证合格。

农产品生产者、销售者对监督抽查检测结果有异议的,可以自收到检测结果之日起五日内,向组织实施农产品质量安全监督抽查的农业行政主管部门或者其上级农业行政主管部门申请复检。

采用国务院农业行政主管部门会同有关部门认定的快速检测方法进行农产品质量安全监督抽查检测,被抽查人对检测结果有异议的,可以自收到检测结果时起四小时内申请复检。复检不得采用快速检测方法。

因检测结果错误给当事人造成损害的,依法承担赔偿责任。

农产品批发市场应当设立或者委托农产品质量安全检测机构,对进场销售的农产品质量安全状况进行抽查检测;发现不符合农产品质量安全标准的,应当要求销售者立即停止销售,并向农业行政主管部门报告。

农产品销售经营者对其销售的农产品,应当建立健全进货检查验收制度;经查验不符合农产品质量安全标准的,不得销售。

国家鼓励单位和个人对农产品质量安全进行社会监督。任何单位和个人都有权对违反本法的行为进行检举、揭发和控告。有关部门收到相关的检举、揭发和控告后,应当及时处理。

县级以上人民政府农业行政主管部门在农产品质量安全监督检查中,可以对生产、销售的农产品进行现场检查,调查了解农产品质量安全的有关情况,查阅、复制与农产品质量安全有关的记录和其他资料;对经检测不符合农产品质量安全标准的农产品,有权查封、扣押。

发生农产品质量安全事故时,有关单位和个人应当采取控制措施,及时向所在地乡级人民政府和县级人民政府农业行政主管部门报告;收到报告的机关应当及时处理并报上一级人民政府和有关部门。发生重大农产品质量安全事故时,农业行政主管部门应当及时通报同级食品药品监督管理部门。

县级以上人民政府农业行政主管部门在农产品质量安全监督管理

中,发现有本法第三十三条所列情形之一的农产品,应当按照农产品质量安全责任追究制度的要求,查明责任人,依法予以处理或者提出处理建议。

进口的农产品必须按照国家规定的农产品质量安全标准进行检验;尚未制定有关农产品质量安全标准的,应当依法及时制定,未制定之前,可以参照国家有关部门指定的国外有关标准进行检验。

六、法律责任

农产品质量安全监督管理人员不依法履行监督职责,或者滥用职权的,依法给予行政处分。

农产品质量安全检测机构伪造检测结果的,责令改正,没收违法所得,并处 5 万元以上 10 万元以下罚款,对直接负责的主管人员和其他直接责任人员处 1 万元以上 5 万元以下罚款;情节严重的,撤销其检测资格;造成损害的,依法承担赔偿责任。

农产品质量安全检测机构出具检测结果不实,造成损害的,依法承担赔偿责任;造成重大损害的,并撤销其检测资格。

违反法律、法规规定,向农产品产地排放或者倾倒废水、废气、固体废物或者其他有毒有害物质的,依照有关环境保护法律、法规的规定处罚;造成损害的,依法承担赔偿责任。

使用农业投入品违反法律、行政法规和国务院农业行政主管部门的规定的,依照有关法律、行政法规的规定处罚。

农产品生产经营者、农民专业合作经济组织未建立或者未按照规定保存农产品生产记录的,或者伪造农产品生产记录的,责令限期改正;逾期不改正的,可以处 2000 元以下罚款。

销售的农产品未按照规定进行包装、标识的,责令限期改正;逾期不改正的,可以处 2000 元以下罚款。

使用的保鲜剂、防腐剂、添加剂等材料不符合国家有关强制性的技术规范的,责令停止销售,对被污染的农产品进行无害化处理,对不能进行无害化处理的予以监督销毁;没收违法所得,并处 2000 元以上 2 万元以下罚款。

农产品生产经营者、农民专业合作经济组织销售的农产品有本法

第三十三条第一项至第三项或者第五项所列情形之一的,责令停止销售,追回已经销售的农产品,对违法销售的农产品进行无害化处理或者予以监督销毁;没收违法所得,并处2000元以上2万元以下罚款。

农产品销售经营者销售的农产品有前款所列情形的,依照前款规定处理、处罚。

农产品批发市场中销售的农产品有第一款所列情形的,对违法销售的农产品依照第一款规定处理,对农产品销售者依照第一款规定处罚。

农产品批发市场违反本法第三十七条第一款规定的,责令改正,处2000元以上2万元以下罚款。

冒用农产品质量标志的,责令改正,没收违法所得,并处2000元以上2万元以下罚款。

本法第四十四条、第四十七条至第四十九条、第五十条第一款、第四款和第五十一条规定的处理、处罚,由县级以上人民政府农业行政主管部门决定;第五十条第二款、第三款规定的处理、处罚,由工商行政管理部门决定。

法律对行政处罚及处罚机关有其他规定的,从其规定。但是,对同一违法行为不得重复处罚。

违反农产品质量安全法规定,构成犯罪的,依法追究刑事责任。

生产、销售本法第三十三条所列农产品,给消费者造成损害的,依法承担赔偿责任。

农产品批发市场中销售的农产品有前款规定情形的,消费者可以向农产品批发市场要求赔偿;属于生产者、销售者责任的,农产品批发市场有权追偿。消费者也可以直接向农产品生产者、销售者要求赔偿。

思考题:

1.合同有哪些基本条款? 如何审查合同?

2.承担违反合同即违约责任的方式有哪些?

3.生产者应当承担哪些责任和义务?

4.经营者应履行哪些基本义务?

5.消费者有哪些基本权利?

附:农副产品购销合同(范本)

农副产品购销合同

甲方(购方):＿＿＿＿＿＿＿＿＿＿＿＿＿＿＿＿

地址:＿＿＿＿＿＿ 邮政编码:＿＿＿＿＿＿ 电话:＿＿＿＿＿＿

法定代表人:＿＿＿＿＿ 职务:＿＿＿＿＿＿

乙方(销方):＿＿＿＿＿＿＿＿＿＿＿＿＿＿＿＿

地址:＿＿＿＿＿＿ 邮政编码:＿＿＿＿＿＿ 电话:＿＿＿＿＿＿

法定代表人:＿＿＿＿＿ 职务:＿＿＿＿＿＿

　　为了促进农副产品生产的发展,沟通城乡流通渠道,为城镇人民和对外贸易提供丰富的农副产品,经甲、乙双方充分协商,特订立本合同,以便双方共同遵守。

　　第一条　交售日期、数量及价格

　　1.乙方必须在＿＿＿＿＿年＿＿＿＿＿月以前(或＿＿＿＿＿月＿＿＿＿＿旬内),向甲方交售＿＿＿＿＿(农副产品)＿＿＿＿＿斤(担)。

　　2.甲方应按照物价主管部门规定的价格(国家允许议价的,价格由甲、乙双方协商议定),向乙方计付货款。

　　3.甲、乙双方的任何一方如需提前或延期交货与提货,均应事先通知对方,达成协议后按协议执行。

　　第二条　品种、等级、质量及包装

　　1.＿＿＿＿＿(农副产品)的品种、等级和质量,按下列第( )项执行:

　　(1)按国家标准执行;

　　(2)按部颁标准执行;

　　(3)按地区标准执行;

(4)由甲、乙双方协商确定。

2._____（农副产品）的包装,按下列第(　)项办理:

(1)按国家或部门规定的办法执行;

(2)由甲、乙双方协商包装办法。

包装物由乙(甲)方供应,包装物的回收办法另订附件。

第三条　交(提)货方式

交(提)货方式按下列第(　)项办理:

1.送货,乙方应按合同规定的时间送往_____（接收地点）,交货日期以发运时运输部门的戳记为准;

2.提货,乙方应按合同规定的时间通知甲方提货,以发出通知之日作为通知提货时间;

3.代运,乙方应按甲方的要求,选择合理的运输路线和运输工具,向运输部门提报运输计划,办理托运手续。交货日期以发运时运输部门的戳记为准。

第四条　农副产品的验收地点

（实行乙方送货或乙方委托运输部门代运的,以接收地点为验收地点;实行甲方提货的,以提货地点为验收地点。）

第五条　验收办法

（合同应明确规定:(1)验收期限;(2)验收手续;(3)验收标准;(4)由谁负责验收;(5)在验收中对产量质量发生争议,应按《中华人民共和国标准化法》的规定,交质量监督检验机构裁决。）

第六条　货款结算办法

乙方交售的_____（农副产品）经验收合格后,甲方应在_____天之内,通过银行转账（或按银行的规定以现金）向乙方支付货款。

第七条　乙方的违约责任

1.乙方交货数量少于合同的规定而甲方仍然需要的,以及供方逾期交货而甲方仍需要的,应照数补交,乙方并应比照中国人民银行有关延期付款的规定,按逾期交货部分货款总值计算,向甲方偿付逾期交货的违约金;乙方超过规定期限不能交货的,应偿付甲方不能交货部分货款总值_____%(1%～20%)的违约金;因逾期交货,甲方不再需要的,由乙方自行处理,并向甲方偿付该部分货款总值_____%(1%～20%)的违约金。

2.乙方如因违约自销或因套取超购加价款而不履行合同时,应向甲方偿付不履行合同部分货款总值_____%(5%～25%)的违约金,并退回套取的加价款和奖售、换购的物资;乙方违约自销多得的收入,由工商行政管理部门没收上交国家财政。

3.乙方在交售_____(农副产品)中掺杂使假、以次充好的,甲方有权拒收,乙方同时应向甲方偿付该批货款总值_____%(5%～25%)的违约金。乙方交售的鲜活产品如有污染或疾病的,甲方有权拒收,并可按国家有关规定处理。

4.乙方的包装不符合规定,发货前需返修或重新包装的,应负责返修或重新包装,并承担因此而支付的费用。发货后因包装不善给甲方造成损失的,应赔偿其实际损失。乙方由于返修或重新包装而造成逾期交货的,按逾期交货处理。

5.甲方按乙方通知的时间、地点提货而未提到的,乙方应负逾期交货的违约责任,并承担甲方因此而支付的实际费用。

6.因数量、质量、包装或交货期限不符合合同规定而被拒收的产品,甲方应代供方保管。在代保管期间,乙方应负责支付实际开支的一切费用,并承担非因保管、保养不善所造成的损失。

7.甲方根据乙方的要求预付定金的,供方在不履行或不完全履行合同时,应加倍偿还。

8.实行送货或代运的,乙方错发到货地点或接货单位(人)时,应按合同规定重新发货或将错发的货物送到合同规定的地点、接货单位(人),并承担因此多付的运杂费及其他费用;造成逾期交货的,还应偿付逾期交货的违约金。乙方未经征得甲方同意,擅自改变合同规定的运输路线或运输工具的,应承担因此多支付的费用。

9.乙方在接到甲方验收产品提出的书面异议后,应在15天内做出处理,如乙方未按时处理,可视为默认。

第八条　甲方的违约责任

1.甲方在合同执行中退货的,应偿付乙方退货部分货款总值_____%(5%～25%)的违约金。因此造成乙方损失的,还应根据实际情况赔偿其损失。

2.甲方无故拒收送货或代运的产品,应向乙方偿付被拒收货款总值_____%(5%～25%)的违约金,并承担因此而造成的损失和费用。

3.按合同规定提货的产品,乙方通知提货而逾期提货的,除比照银行有关延期付款的规定,按逾期提货(收购)部分货款总值计算偿付违约金以外,还应承担乙方在此期间所支付的保管费或保养费,并承担因此而造成的其他实际损失。

4.甲方未按合同规定的期限付款的,应按银行有关延期付款的规定,向乙方偿付延期付款的违约金。

5.甲方未按合同规定提供包装物的,乙方交货日期得顺延,甲方并应向乙方偿付延期付款的违约金。因此造成乙方损失的,甲方还应根据实际情况赔偿其损失。

6.甲方如向乙方预付定金的,在不履行或不完全履行预购合同时,无权收回未履行部分的预付定金。

7.甲方必须承担因错填或临时改变到货地点而多支付的一切费用。

8.甲方在合同规定的验收期限内,未进行验收或验收后未在规定期限内提出异议,视为默认。

9.在合同规定的验收期限内,未进行验收或进行验收后未提出书面质量异议的,即视为默认符合规定。对于提出质量异议或因其他原因拒收,应负责妥善保管,等候处理,不得动用。一经动用即视为接收,甲方应按期向乙方付款,如不按期付款,则按延期付款处理。

第九条　不可抗力

甲、乙双方的任何一方由于不可抗力的原因不能履行或不能完全履行合同时,应尽快向对方通报理由,经有关主管机关证明后,可允许延期履行、部分履行或不履行,并可根据情况部分或全部免予承担违约责任。乙方如果由于不可抗力造成产品质量不符合合同规定的,不以违约论。对这些产品的处理办法,可由甲、乙双方协商决定。

农副产品因受气候影响早熟或晚熟的,交货日期经双方协商,可适当提前或推迟。

第十条　合同的变更与解除

甲、乙双方的任何一方要求变更或解除合同时,应及时通知对方,并采用书面形式由双方达成协议。未达成协议以前,原合同仍然有效。当事人一方接到另一方要求变更或解除合同的建议后,应在收到通知之日起15天内做出答复,当事人双方另有约定的,按约定的期限答复,逾期不做答复的,即视为默认。

第十一条　其他约定

违约金或赔偿金,应在甲、乙双方商定的日期内或由有关部门确定责任后10天内偿付,否则,按逾期付款处理。

第十二条　本合同正本一式两份,甲乙双方各执一份,具有同等效力。

第十三条　本合同于_____年_____月_____日在_____签订,有效期至_____年_____月_____日。

甲　　方:_____

代 表 人:_____

开户银行:_____

账　　号:_____　　___年___月___日

乙　　方:_____

代 表 人:_____

开户银行:_____

账　　号:_____　　___年___月___日

第七章 农产品的商品性状及等级鉴定

第一节 农产品基础知识

一、农产品的概念

(一) 农产品的概念

农产品是指种植业、养殖业、林业、牧业、水产业生产的各种植物、动物的初级产品及初级加工品。具体包括种植、饲养、采集、编织、加工以及捕捞、狩猎等业的产品。这部分产品种类复杂、品种繁多,主要有粮食、油料、木材、肉、蛋、奶、棉、麻、烟、茧、茶、糖、畜产品、水产品、蔬菜、花卉、果品、食用菌、中药材以及野生动植物原料等。

(二) 其他相关概念

1. 初级农产品

初级农产品是指种植业、畜牧业、渔业产品,不包括经加工过的这类产品。

初级农产品包括谷物、油脂、农业原料、畜禽及产品、林产品、渔产品、海产品、蔬菜、瓜果和花卉等产品。

2. 初级加工农产品

初级加工农产品是指必须经过某些加工环节才能食用、使用或储存的加工品,如消毒奶、分割肉、冷冻肉、食用油、饲料等。

3. 名优农产品

名优农产品是指由生产者志愿申请,经有关地方部门初审,经权威机构根据相关规定程序认定生产的生产规模大、经济效益显著、质量好、市场占有率高,已成为当地农村经济主导产业,有品牌、有明确标识的农产品。

产品种类包括粮油、蔬菜、瓜果、畜禽及其产品、水产、棉麻、花卉、药材、食用菌、种子、苗木等。

4. 转基因农产品

转基因农产品是指利用基因工程技术,即利用分子生物学手段将某些生物的基因转移到另一些生物的基因上,进而培育出人们所需要的农产品。

转基因技术应用于农业生产,可以让农产品的产量和质量来一次革命性的提高,也就是说,利用转基因技术将某些生物的基因转移到其他物种中去,可以改造植物和动物的遗传物质,使其性状、营养品质、消费品质等方面向着人类所需要的目标转变;可以降低生产成本,增加生物的抗病虫害能力;可以提高单位面积产量;使生物的品种更加丰富。

二、农产品的分类

按传统和习惯一般把农产品分为粮油、果蔬及花卉、林产品、畜禽产品、水产品和其他农副产品六大类。

(一) 粮油

粮油是对谷类、豆类、油料及其初加工品的统称。粮油产品是关系到国计民生的农产品,它不仅是人体营养和能量的主要来源,也是轻工业的主要原料,还是畜牧业和饲养业的主要饲料。粮食是人类生存和发展的最基本的生活资料。离开粮食,人类就无法生存,整个社会再生产就无法进行。我国人口众多,耕地面积少,解决和保证吃饭问题显得尤为重要。

我国粮食有 20 多种,产地分布广泛,长江流域和长江以南是稻米主要产区,黄河两岸是小麦主产区,东北、内蒙和华北地区盛产玉米、大豆和杂粮,东北水稻、玉米、大豆誉满全国。我国利用植物种子作油料原料的有大豆、芝麻、花生仁、棉籽、菜子、葵花籽、玉米胚等,而芝麻油是一种香料油,又称为香油。

按粮油植物学科属或主要性状、用途可将粮油分为原粮(禾谷类、豆类、薯类)、成品粮、油料(草本油料、木本油料及非食用油料、食用油料)、油脂(食用油脂、非食用油脂)、粮油加工副产品、粮食制品和综合利用产品等七大类。农业是我国国民经济的基础,而粮油产品的生产是农业的基础。研究粮油产品的生产、加工、检验、储存和养护,对有效利用粮油产品资源,充分发挥粮油原料及其产品在人民生活和工业生产、农业生产中的作用,是我国经济建设的一项重要任务。

(二)果蔬及花卉

1.蔬菜和果品

蔬菜和果品,尤其蔬菜是人们日常生活中不可缺少的副食品,它们所含有的营养成分对人类有特殊的食用意义,新鲜果蔬含有丰富的维生素和矿物质。食用果蔬不仅可以使人体摄取较多的维生素来预防维生素缺乏症,而且大量的钠、钾、钙等矿物质的存在使果蔬成为碱性物质,在人体的生理活动中起着调节体液酸碱平衡的作用。果蔬中所含有的糖和有机酸可以供给人体热量。果蔬中的纤维素虽不能被人体很好吸收,但它们能促进胃肠蠕动,刺激消化液分泌,有助于胃肠的消化吸收及废物的排泄。很多果蔬还能调节人体生理机能,有辅助治疗疾病的作用。

我国地域辽阔,地跨寒、温、热三带,自然条件优越,气候、土壤和地形等自然环境适宜果蔬的生长发育,果树和蔬菜资源极其丰富。全国各地培育了许多优良品种,使我国果蔬因种类多、品种全、品质佳而闻名世界。其中如胶州大白菜、章丘大葱、北京萝卜、四川榨菜、湖南冬笋、山东香蕉苹果、山东大樱桃、辽宁国光苹果、河北鸭梨、吉林延边苹果梨、山东和辽宁山楂、浙江奉化玉露水蜜桃、山东肥城佛桃、广东和台湾香蕉、菠萝、广东和福建的荔枝、龙眼、四川江津鹅蛋橘、江西南丰蜜橘、广西沙田柚等等。这些果蔬风味各异,享有盛誉。近年来,我国培育和改良了很多果蔬品种,同时引进了很多国外果蔬品种,丰富了国内果蔬资源,满足了市场需要。

蔬菜按食用器官可分为:①根菜类,如萝卜、番薯;②茎菜类,如莴笋、竹笋、莲藕、芋头;③叶菜类,如小白菜、大白菜、大蒜、大葱;④果菜类,如茄子、黄瓜、菜豆;⑤花菜类,主要有黄花菜、菜花;⑥食用菌类,如香菇、木耳。

按农业生物学分类可分为根茎类、白菜类、芥菜类、甘蓝类、绿叶菜类、葱蒜类、茄果类、瓜类、豆类、水生菜类、多年生菜类和食用菌类等12类。

果品按果实构造可分为：①仁果类，如苹果、梨、山楂；②核果类，如桃、枣；③浆果类，如葡萄、香蕉；④坚果类，如核桃、板栗；⑤柑橘类，如柑、橘、甜橙、柚、柠檬；⑥复果类，如菠萝、菠萝蜜、面包果；⑦瓜类，主要指甜瓜、西瓜等。

按商业经营习惯，果品可分为鲜果、干果、瓜类以及它们的制品四大类。鲜果是果品中最多和最重要的一类。为了经营方便又把鲜果分为伏果和秋果，还分为南果和北果。

2. 花卉

花卉中的花和卉是两个含义不同的字，花是高等植物繁殖后代的器官，卉是百草的总称。花卉一词从字面上讲，就是开花的植物。《词海》中解释花卉是"可供观赏的花草"。随着科学技术的发展和人们审美意识的发展，欣赏已不仅限于花，因而花卉的概念也随之扩大。广义上，凡是花、叶、果的形态和色彩、芳香能引起人们美感的植物都包括在花卉之内，统称为观赏植物。但花卉一词人们已形成习惯，可一并使用。

根据花卉的形态特征和生长习性可分为草本花卉、木本花卉、多肉类植物、水生类花卉和草坪类植物。①草本花卉可分为一年生草花（如一串红、鸡冠花等）、二年生草花（如金鱼草、石竹等）、多年生草花（如菊花、荷花、大丽花等）；②木本花卉可分为乔木花卉（如梅花、白玉兰等）、灌木花卉（如月季、牡丹等）、藤本花卉（如凌霄、紫藤等）；③多肉类花卉，常见的有仙人掌科的昙花、令箭荷花、蟹爪兰，龙舌兰科的龙舌兰、虎尾兰，萝摩科的大花犀角、吊金钱，凤梨科的小雀舌兰等；④水生类花卉常见的有荷花、睡莲、王莲、凤眼莲、水葱、菖蒲等；⑤草坪植物常见栽培的有红顶草、早熟禾、野牛草等。

根据花卉的观赏器官可分为：①观花类，如菊花、仙客来、月季等；②观叶类，如文竹、常春藤、五针松等；③观果类，如南天竹、佛手、石榴等；④观茎类，如佛肚竹、光棍树、珊瑚树等；⑤观芽类，常见的有银柳等。

根据花卉的经济用途可分为：①观赏用花卉：花坛用花，如一串红、金盏菊等;盆栽花卉,如菊花、月季等;切花花卉,如菊花、百合等;庭院花卉,如芍药、牡丹等。②香料用花卉,如白兰、水仙花、玫瑰花等。③熏茶用花卉,如茉莉花、珠兰花、桂花等。④医药用花卉,如芍药、牡丹、金银花等。⑤环境保护用花卉:具有吸收有害气体、净化环境的花卉,如美人蕉、月季、罗汉松等。⑥食品用花卉,如菊花、桂花、兰花等近百种,花粉食品方兴未艾。

(三) 林产品

林产品是指把开发森林资源变为经济形态的所有产品。近代林产品主要是木材及其副产品,可分为两大类,一类是木材及各种木材加工制品,另一类是经济林及森林副产品。近代林产品把木材作为主产品,把其余称为副产品,这样,势必产生对其他林产品的强烈排它性,使林产品种类少、精品更少,林产业日趋萎缩。现代林产品是指把森林资源变为经济形态的所有产品,在不同的时空条件下,不是固定不变的,对林产品的生产有积极的作用。

木材是林业的基本产品。由于木材有良好的物理性能和多种化学成分,使它成为经济建设和人们生活中用途最广的材料。工业、农业、交通运输、建筑业等部门等行业的生产都需要木材。如煤矿业的坑木、枕木、建筑用木材、纸浆造纸原料、机械工业用材料、化工材料,人们日常生活中所需的家具、工具、器皿、文化、体育用具、乐器等。木材不仅是国民经济各方面基本的原料,而且自古以来就是人类社会的重要能源之一。虽然随着科学技术的进步,煤、石油、天然气、原子能、太阳能等飞速发展,但随着人口的增加,在今后较长时期内,薪材的需要量仍然相当大。综上所述,木材及其加工品是国民经济中最广的一种基本材料,与国民经济各方面都有着密切的联系,木材的充分供给,是保证国民经济迅速发展的重要条件。

中国经济林分布广泛,从南到北、从东至西,各处都有,主要品种有乌桕、油桐、漆树、杜仲、毛竹、油棕、椰子、油橄榄、巴旦果、油楂果、香榧、油茶、山苍子、青檀、五倍子等。经济林产品主要有:①木本油料,如核桃、茶油、橄榄油、文冠果油等木本食用油及桐油、乌桕油等工业用油;②木本粮食,如板栗、柿子、枣、银杏及多种栎类树种的种子;③特用经济林产品,如紫胶、橡胶、生漆、咖啡、金鸡纳等。林化、林副产品种类更是繁多,如松香、栲胶、栓皮及各种药材、芳香油、纤维原料、编织原料、淀粉、食用菌等。此外,林区丰富的野生动物资源所提供的动物蛋白质、毛皮、药材以及观赏动植物等,都有着重要的经济意义和科研价值。

我国劳动人民从事经济林产品和林副产品的生产有着悠久的历史。这些产品对国计民生有着重大意义,很多产品是机械、电器、化工、国防军工、医药、食品、日用品加工等工业部门的重要原料,而且有的还是我国传统的出口物质。

此外,林区出产的木耳、香菇、竹笋、干鲜果品、禽兽野味及珍贵毛皮、中草药材及野生观赏植物等产品,除了满足人们生活多方面的需要外也是出口换汇的重要物资。

(四) 畜禽产品

畜禽产品从广义上讲,主要是指肉、乳、蛋、禽、脂、肠、皮张、绒毛、鬃尾、细尾毛、羽毛、骨、角、蹄壳及其初加工品等。但从狭义上讲,即从我国商品经营分工的角度来看,肉、乳、蛋、脂、禽属食品和副食品范畴,也就是我们这里所说的畜禽产品。皮张、绒毛、鬃尾、细尾毛、羽毛、肠衣属畜产品,而骨、角、蹄壳分别属废旧物资和中药材商品。

畜禽产品作为食品是人类动物蛋白的主要来源,为人类提供丰富营养。但这类食品由于富含蛋白质、脂肪、糖等,故易腐败变质,人们食用变质的食品会发生中毒,而且患病动物还带有致人患病的病源,动物肿瘤与人的癌症有一定的相关性。肉类食品加工烹调不当,常使人的健康遭受严重损坏,故需要严格的卫生检验。近几年来,由于国民经济的迅猛发展,农业和运输业逐渐实现了机械化,促进了饲养业的发展,为畜禽产品资源开辟了广阔的道路。我国解决了人民温饱后,生活水平必然向更高标准发展,对畜禽产品的需求量愈来愈大,因而对畜禽产品的质量也提出了更高的要求。

(五) 水产品

水产品是指水生的具有一定食用价值的动植物及其腌制、干制的各种初加工品。水产品,特别是鱼、虾、贝类等,自古以来一直是人们的重要食物之一。随着人们生活水平的不断提高和对蛋白质需求量的不断增长,水产品作为动物性蛋白质的来源,其重要性日益显著。

水产业部门是以栖息、繁殖在海洋和内陆淡水水域的鱼类、虾蟹类、贝类、藻类和海兽类等水产资源为开发对象,进行人工养殖、合理捕捞和加工利用的综合性社会生产部门。我国沿海渔场的总面积达43.6万平方千米(1994年),占世界渔场总面积的23.7%。我国海洋鱼类约有1700种以上。我国淡水鱼类有800种以上,其中有经济价值的有250多种,体型较大、产量较高的有50多种。我国发展水产业的方针是以养殖为主,养殖、捕捞、加工并举,因地制宜,重在保护。近年来我国采取了积极有效的措施,严格采取休渔制度,使我国的海水、淡水捕捞和海水、淡水养殖业持续稳定健康发展。

水产品按生物学分类法可分为藻类植物(如海带、紫菜等)、腔肠动物(如海蛰等)、软体动物(如扇贝、鲍鱼、鱿鱼等)、甲壳动物(如对虾、河蟹等)、棘皮动物(如海参、海胆等)、鱼类(如带鱼、鲅鱼、鲤鱼、鲫鱼等)、爬行类(如中华鳖等);按商业分类可分为活水产品(包括海水鱼、淡水鱼、元鱼、河蟹、贝类等)、鲜水产品(含冷冻品和冰鲜品,包括海水鱼、淡水鱼、虾、蟹等)、水产加工品(按加工方法分为水产腌制品和水产干制品,包括淡干品、盐干品、熟干品;按加工原料分为咸干鱼、虾蟹加工品、海藻加工品、其他水产加工品)。

(六) 其他农副产品

其他农副产品主要是指除农产品的粮油、果蔬花卉、林产品、畜禽产品、水产品的主产品外的烟叶、茶叶、蜂蜜、棉花、麻、蚕茧、畜产品、生漆、干菜和调味品、中药材、野生植物原料等产品。

1. 烟叶

烟叶是烟草的叶片,是制作卷烟、雪茄烟、斗丝、鼻烟和嚼烟等烟制品的主要原料。

烟叶经过初步加工(烤、晒、晾)即可供人们吸用,有兴奋神经、解除疲劳的作用;烟叶是卷烟、雪茄烟、皮丝烟、鼻烟、嚼烟等烟制品的基本原料;烟、烟蒂、烟籽、烟结、烟筋经过加工可用来提取烟碱,有杀虫、灭菌功效,烟茎可用于造纸、压制纤维板和提取活性炭等。

我国烟叶的种类很多,根据烟草品种和加工制作方法不同可分为:①经过人工控制热能并在专门的烤房内进行烘烤而成的烟叶的烤烟

（初烤烟、复烤烟；清香型烟、浓香型烟、中间香型烟），烤烟主要用于制作烤烟型卷烟，少数用于制作混合型卷烟、斗烟丝和雪茄烟；②用日光露天晒制成的晒烟（晒黄烟、晒红烟、梧晒烟、香料烟、黄花烟），晒烟主要用于制作旱烟丝、水烟丝、雪茄烟、斗烟丝，香料烟叶主要用做晒烟卷烟的配料；③在晾房内自然干燥而成的晾烟（白筋烟、武鸣整株晾烟、雪茄包中烟），晾烟主要用于生产混合型卷烟、雪茄烟、水烟丝和雪茄烟外包皮的原料。

2.茶叶

茶叶是从茶树上采摘下来的鲜叶或嫩叶，经过加工，制成可供人们饮用，具有色香味和形状各异的成品茶。茶树属于茶科，属多年生的常绿植物。按树型可分为乔木型、灌木型和半乔木型三种。

鲜茶叶或嫩叶采摘后，必须经过加工才能成为商品茶，茶叶经过各种技术处理促使叶内的有效成分发生变化，形成具有不同色、香、味、形的毛茶，称为鲜叶加工或称初制；毛茶经过筛分、拣剔、复火等技术处理后，分别加工成符合商品茶规格的各种花色和等级的成品茶，这个过程称为毛茶加工或称精制；还有用毛茶加工成不同等级的茶坯，与各种鲜香花配合通过窨制技术处理加工成为花茶。

茶叶和咖啡、可可是世界三大饮料，其中茶叶作为饮料的历史最久，饮用的地区和人口最广、最多。我国是饮用和生产茶叶历史最悠久的国家，也是传统的茶叶出口国，享有"茶的祖国"之誉。茶叶含有水、矿物质、茶多酚、生物碱、糖类、蛋白质、芳香物质、色素、维生素、酶等物质。茶叶中的许多物质对人体健康都非常有益。常饮茶对人体大有好处，能起到营养保健的作用、可止渴散热、清心明目、提神解乏、溶脂除腻、利尿排毒、杀菌消炎、强心降压、补充维生素及预防辐射伤害等功效。据研究，茶叶里所含的多酚类成分能吸收放射性物质 Sr(锶)，多酚类中的儿茶素还具有近似于维生素 P 的作用，能增强人体心肌活动和血管弹性，有预防动脉硬化的作用，对于某些类型的高血压也有一定的疗效。儿茶素制剂对肾炎、慢性肝炎和白血病也有辅助疗效。茶叶还有降低胆固醇、抗凝血和促进纤维蛋白溶解的作用，对冠心病患者有良好的作用。据近几年的研究认为，茶叶更具有抗癌的作用。

茶叶按制茶方法结合成品茶的品质特征分为七大类：①鲜茶叶经

萎凋揉捻或揉切、发酵、干燥制成的红茶类,红茶按制法分为工夫红茶、小种红茶和红碎茶三种;②鲜茶叶经高温杀青,揉捻、干燥制成的绿茶,绿茶按制法分为锅炒杀青绿茶(炒青绿茶:炒干,如珍眉、贡熙、雨茶、秀眉、龙井;烘青绿茶:烘干,如毛峰、瓜片、碧螺春)和蒸气杀青绿茶(如玉露、蒸青);③鲜茶叶经晒青、做青、炒青、揉捻、干燥制成的乌龙茶类,按制法和成品茶品质特征分为水仙(如武夷山水仙、闽北水仙、凤凰水仙、闽南水仙)、奇种(武夷奇种)、铁观音、色种(色种、包种)、乌龙;④茶叶经萎凋、干燥制成的白茶类,按茶树品种及叶子老嫩可分为白毫银针(大白茶顶芽制成)、白牡丹(大白茶,小叶种一芽二三叶制成)、贡眉(大白茶,小叶种一芽二三叶制成)、寿眉(小叶种单片制成);⑤素茶(即花茶坯)经花窨制成的花茶类,按所用素茶品种可分为绿茶花茶(如茉莉花茶、珠兰花茶、白兰花茶、玳玳花茶等)、乌龙花茶(如桂花铁观音、树兰色种、茉莉乌龙等)、红茶香茶(如玫瑰红茶、荔枝红茶等);⑥毛茶经筛分整形、蒸压成型的紧压茶类(如米砖、青砖、黑砖、茯砖、沱砖、花砖、紧茶、六堡茶等);⑦用毛茶或鲜茶直接制成,可用于冷水或温水而无残渣的速溶茶类(如速溶红茶、速溶绿茶、调味速溶茶等)。

3.蜂产品

蜂产品主要包括蜂蜜、蜂王浆和蜂蜡。

蜂蜜是蜜蜂采集蜜源植物花中蜜腺上的花蜜或其他分泌物,经过充分酿造而储存在巢脾中的甜物质。

蜂蜜有良好的药用价值。蜂蜜不含脂肪,适于心脏病患者服用。蜂蜜可补肾益气,润燥滑肠,止咳解毒。对肺病、高血压、眼病、肝病、痢疾、便秘、贫血、神经系统疾病、胃和十二指肠溃疡病等均有良好的辅助作用。蜂蜜外用可以治疗烫伤、滋润皮肤和防治冻伤。蜂蜜还有矫正不良气味和防腐作用,是中药丸的主要原料。蜂蜜是良好的营养食品,蜂蜜的主要成分是单糖,可直接被肠胃吸收,热量很高,强体力劳动者和运动员服用蜂蜜能减轻或解除疲劳。蜂蜜中含有蛋白质、维生素,能增强人体营养。蜂蜜中有多种矿物质,易被人体吸收利用。蜂蜜还广泛用于制作果脯、糕点、糖果、冷饮及酒类食品工业中。由于蜂蜜富含果糖,有吸湿性,所以蜂蜜制作的糕点甜润酥松,富有特色。

按蜜源可将蜂蜜分为:花卉蜜(又称自然蜜)和甘露蜜。花卉蜜就是我们日常所说的蜂蜜,是从花卉中获取的蜜,可分为单花蜜和杂花蜜。单花蜜如椴树蜜、枣花蜜、荔枝蜜等,杂花蜜又称混合蜜和百花蜜。甘露蜜是从同翅目的蚜虫、介壳虫等一类昆虫的排泄物中采集的蜜。

此外,还有一种毒蜜,虽很少见,但危害较大。一般认为雷公藤、藜芦、乌头、杜鹃蜜等是有毒的,要特别注意。

4.棉花

棉花是纺织工业的重要原料,又是人们必需的生活资料。商品棉花指的是棉农出售的籽棉、皮棉和絮棉。带有棉籽的棉纤维叫籽棉。籽棉不能直接使用,需进行轧花加工使纤维与棉籽分离。经过轧花机把棉籽扎掉,所得的棉纤维叫皮棉,也叫原棉。皮棉是纺织工业的重要原料。皮棉经再加工可弹成絮棉。

按棉花的类别(即按棉纤维的粗细、长短)可将棉花分为细绒棉(又称陆地棉:细度为 18～25 微米,长度为 25～31 毫米)、长绒棉(又称海岛棉:细度为 14～22 微米,长度为 33 毫米以上)、粗绒棉(又称亚洲棉或非洲棉:细度为 20～30 微米,长度为 13～25 毫米);按棉花色泽可将棉花分为白棉、黄棉和灰棉;按棉花的初步加工状态可将棉花分为皮辊棉、锯齿棉。

5.麻

麻是麻类植物的总称,属于一年或多年生的草本纤维植物。麻纤维是指麻的韧皮纤维和叶纤维或经过加工(剥制和脱胶)制成的可用纤维。麻纤维是纺织工业的重要原料之一,在国民经济中占有重要地位。

麻按采用的部位不同可分为韧皮纤维和叶纤维。韧皮纤维是从双子叶植物茎部剥下来的纤维,质地柔软,又称软质纤维,如苎麻、黄麻、红麻、亚麻、大麻、青麻等。叶纤维是从单子叶或叶鞘中取出来的管束纤维,质地粗硬,又叫硬质纤维,如剑麻、蕉麻、假菠萝麻等。

韧皮纤维根据含木质纤维的多少分为木质纤维和非木质纤维两种。木质纤维比较粗硬,如红麻、黄麻、青麻,可制成麻布、麻袋、绳索等。非木质纤维品质柔软,如苎麻、亚麻、大麻等,可作为纺织原料。叶纤维粗硬,主要用于制绳索、造纸、织渔网等原料。

6.蚕茧

蚕茧是蚕在化蛹前用吐出的丝结成的茧。用蚕茧缫得的生丝称为蚕丝。我国是蚕茧的发源地。远在五千年前,我们的祖先就利用蚕茧取丝织帛了。蚕丝纤维强韧而富弹性、细而柔软,具有良好的吸湿性、保暖性、绝缘性、耐腐性和化学稳定性。其制品光滑优美,染色鲜艳,穿着舒适,是优质纺织原料,是我国传统的出口商品。

蚕茧按蚕的品种可分为改良蚕、土改良蚕(又称自留蚕)、土蚕;按生产季节可分为春蚕、秋蚕、夏蚕;按蚕的初步加工可分为鲜蚕、半干蚕、干蚕;按蚕的质量可分为上蚕、次蚕、下脚蚕;按蚕的大小可分为大蚕、中蚕、小蚕、特大蚕和特小蚕。

7. 畜产品

畜产品是畜禽产品的副产品,是指具有经济价值的皮张、绒毛、鬃尾、细尾毛、羽毛、肠衣等产品。畜产品在国民经济中有着重要的作用。畜产品是工业的重要原料,如毛纺、地毯、制革、毛皮及制刷、制肠衣等轻工业;也是国防建设的重要物资,如背带、炮衣、马鞍用皮、武装带、子弹盒、军用皮包、飞行服、皮大衣、皮帽、皮靴、皮鞋、皮手套、滤油皮、拖拉重武器的皮带、各种炮刷、军舰卫生用刷、油漆刷等;还可满足人们生活的需要,人们生活水平的提高不仅表现在对肉、乳、蛋等动物性蛋白的需求量的大小,而且很大程度上反映在人们对畜产品占有量的高低,如人们日常穿戴的毛衣、毛料服装、长短皮大衣、皮帽、皮手套、镶头围巾、皮鞋、皮包、腰带、毛笔、水彩笔、油画、化妆笔、胡刷、牙刷、衣服刷、油漆刷和各种丝竹乐器的弦、各种劳保服装以及多种药品等都是畜产品制品;畜产品是我国传统的出口商品,如猪鬃、肠衣、小湖羊皮、山羊板皮、山羊绒、兔毛、羽毛等。大力发展畜产品的生产不仅满足我国现代农业、工业、国防、人民生活的需要,还能换回大量外汇,促进国民经济的发展。

畜产品可分为皮张、绒毛、鬃尾、细尾毛、羽毛、肠衣六大类。

8. 食用菌

食用菌是指能形成显著的肉质或胶质子实体并可供人类食用的大型真菌。人们从古至今都以菇、蕈、菌、蘑、耳等称之,如香菇、平菇、玉蕈、木耳、银耳、口蘑、松口蘑、凤尾蘑、猴头菌、羊肚菌、牛肝菌等。目前,全世界可食用的大型真菌有 2000 多种,被人类所利用的有 400 多种,能进行人工栽培的有 50 多种,其中形成大规模商业性栽培的有 20

多种。食用菌是一种营养丰富并兼有食疗价值的食品,蛋白质含量丰富,介于肉类和蔬菜之间,所含的氨基酸种类较多。矿物质的含量也较多,尤其是磷的含量较高,有利于人体各种生理机能的调节。食用菌还含有较多的核酸和多种维生素,包括维生素 B_1、维生素 B_2、维生素 PP、维生素 C 和维生素 D 原等。此外,香菇、木耳、银耳、灰树花、猴头菌等许多食用菌还兼有多种特定的滋补保健作用和医疗功效。广义的食用菌还包括利用发酵作用进行食品加工的丝状真菌和酵母菌。

我国目前是食用菌生产的第一大国,食用菌种类繁多,有 1000 多种大型真菌,其中具有食用价值的有 200 多种。并且,近年来不断开发栽培的新品种和从国外引进新品种进行人工栽培,使我国的食用菌种类和栽培的品种更加丰富。按照我国经营习惯可将食用菌分为木耳类和蘑菇类,木耳类包括黑木耳、银耳、黄木耳、金耳等,蘑菇类包括除木耳类以外所有的大型食用菌类,如香菇、口蘑、猴头菌等。

9.中药材

中药材是指中医作为调剂处方、配制中成药所用的原料。其中大部分是只经过初步加工的原生药。根据性质不同可分为植物药、动物药和矿物药三大类。

我国地大物博,自然条件优越,中药材资源极其丰富,是巨大的天然药库。已知可供药用的植物、动物和矿物药有 5000 多种,其中植物药约占 90%。中药材的用途广泛,除了主要供医疗保健用外,在食品、饮料、香料、化妆品、染料以及农药等方面也广为应用。同时,中药材又是重要的出口物质,全国可供出口的中药材近 500 种。

第二节　农产品的商品性状

一、农产品商品性状

(一) 农产品商品性状的概念

农产品的性状是指农产品的形态、结构等方面的特征、特性,即对农产品的外形、颜色、表面特征、质地、断面及气味等的描述。

农产品的性状是由蛋白质决定的,但根本是由基因决定的,即:基因→蛋白质→性状,是基因型和外界条件共同作用的结果。基因(gene)的多样性导致蛋白质的多样性,从而导致生物性状(种类)的多样性,所以生物界的种类繁多、形形色色,也使得农产品的性状多种多样、各有千秋,满足了人们的各种需要。

性状可以由亲代传给子代,使子代与亲代相似,叫遗传性。性状也可能不能完全遗传下去,使子代与亲代有所差异叫变异。决定或控制性状遗传和变异的功能单位叫遗传因子。遗传因子,即决定性状的内在原因。具体来说,就是生物体表现出来的性质和形状,比如大小、高矮、颜色等。"性状"是人们感觉到的现象,它们的重复出现有某种内在的原因。遗传学家孟德尔明确指出,生物体的每种性状是由两个遗传因子决定的:一种是决定显性性状的形式,另一种是决定隐性性状的形式,当决定某一性状的两个因子完全一样时,这种遗传因子的组合方式就叫纯结合,就是纯种。如果决定某个性状的遗传因子不完全相同,而是相似,那么,这种遗传因子的组合就叫杂结合或异质结合,也就是杂种。

我们可以通过育种或细胞工程等生物工程技术改变农产品的各种性状,从而增加农产品的产量、品种,提高农产品的质量来满足人们的各种需要。

(二) 农产品商品性状的基本要求

1. 具有本品种的基本要求

每一种农产品都有自己独特的性状,都有自己满足用户需求的条件。只有具备了这些条件,才可以说具备了本品种的基本要求,也就是说,必须具备本品种的固有品质。任何一种农产品都具有自己独特的形状、颜色、大小、质地、气味等,都有自己的结构、性质和用途。如柑橘,两者的共同点是:果实扁圆或圆形,果皮黄色、鲜橙色或红色,薄而宽松,易于剥离,种子小,胚色绿,汁多酸甜,营养丰富,含有大量的维生素 C 和 A,都适于作为水果食用。它们的不同点是:柑类果实大而近于球形,果皮略粗厚,橘络较多,种子呈卵圆形,耐储藏;橘类果实小而扁,皮薄而宽松,比柑类更易剥离,橘络较少,种子尖细,胚深绿色,不耐储藏,但能早熟。

2.无伤残

伤残是指凡呈现在农产品上的能够降低其质量、影响其使用并同时影响其等级的各种缺点。掌握农产品伤残的种类及其对农产品质量的影响,对农产品的检验和确定等级有着重要的意义。

引起农产品伤残的原因很多,可归纳为:

一是生理原因。因生理原因而产生的伤残,是指生物在生长时期形成的缺陷。这种伤残的形成和发展是与生物的生长活动有着密切关系的,是由生物生长不完善而造成的,如形状变形、颜色不纯等。

二是病理原因。因病理原因而产生的伤残是指生物在生长过程中,由于受生物因子如病菌、病毒、害虫、寄生虫等危害而形成的农产品的伤残,如变色、虫眼、腐烂和伤疤等。这种农产品的伤残是后天性的,如果采取适当的人为保护,可以减轻此类农产品对其质量的影响。

三是人为原因。因人为原因而产生的农产品伤残是指农产品在生产、加工、保管、包装、运输过程中,由于受到人为不良的处理而形成的农产品伤残。这种伤残也是后天性的,只要提高加工技术和改善经营管理方式是可以减轻和避免的。

此外,一种农产品伤残的产生不是单一因素引起的,而是多种因素共同作用的结果。如变色和腐烂除了真菌作用外,还与经营管理不善有关。

对于农产品,如果能无任何伤残,那是最理想的。但有些农产品由于以上原因不可避免地会存在某些伤残,我们即将伤残作为确定农产品商品等级的重要依据。

一般地,把农产品伤残分为自然伤残和人为伤残两种。自然伤残是指动植物在自然界生存时所产生的伤残,如畸形、疮疤等。人为伤残是指动植物在采摘后所产生的伤残,即农产品在生产、加工、保管、包装、运输过程中产生的伤残,如霉变、腐败等。

3.具有商品价值

农产品的性状必须满足人们的某种需要,具有一定的使用价值。农产品是劳动成果,它要满足人们的某种需要。农产品的各种性状又是形成其有用性的物质基础。因此,农产品的性状必须满足农产品的使用和交换的商品价值。例如,农民生产的稻谷,既可以满足人们的吃饭需要,又在一定程度上解决了社会的温饱问题,对保持社会的稳定起到了积极的作用。稻谷具有商品价值。而毒品(初产品也是人工种植的)虽然也能够满足某些人的需要,但当今世界决不允许毒品的公开交换,毒品对人类有毁灭性的危害,对社会有害无益,毒品不具有商品价值。

(三) 农产品商品性状所包括的内容

农产品商品性状所包括的内容有:农产品的形状、大小、颜色、气味、表面、质地、断面、伤残等。

1. 形状

任何有形农产品都有自己的特定形状。农产品的形状与大小、颜色、气味、表面、质地一样是其品种的象征,在某种程度上也决定了它的有用性。农产品的形状极其繁多和复杂,几乎囊括世界上所有的几何形状。某种农产品的形状是特定的,但有些个体会发生变异,甚至出现畸形。农产品形状的变化对其使用价值和美观度有一定的影响,甚至完全失去使用价值。

2. 大小

绝大多数农产品都是有形的物质,都有一定的体积、一定的大小。农产品的大小一般是指农产品的长短、粗细、厚薄。农产品的大小对农产品的使用价值高低和满足人们的审美需要有着一定的影响。有的农产品要求越大越好,有的则要求小的为好,有的则无大小要求,大多数是在符合本品种特征的基础上要求以大小均匀为好。

对农产品大小的表述,有的以"大"或"小"来表述,有的用长短、粗细、高矮等来表示,也有的用重量、体积、面积,甚至用单位数量来表示。农产品的大小也是确定等级的重要依据。

3. 颜色

绝大多数农产品都有特定的颜色,有的农产品的颜色比较单一,但也有深浅之分,有的品种有多种颜色,有的颜色较纯,有的颜色比较杂,甚至有的呈花斑状。有的农产品外表颜色与内部颜色基本一致,有的外表颜色与内部颜色截然不同,甚至分为几层。颜色不仅表明农产品的品种是否纯正,是否成熟,质量的好坏,还是农产品美观度的重要标志,对一些颜色要求比较高的农产品甚至于在标准或规格上规定了"色泽比差",价格上有较大的差别。不仅如此,从农产品颜色的变化,可以从中鉴别出农产品的质量是否发生了变化,如发霉、变质、腐烂等。

4.气味

农产品是生物产品,是由有机物质构成的,都有一定的气味。气是农产品中含有挥发性的物质造成的,味也是与农产品本身含有的成分有关,有的比较淡雅,有的比较强烈。气有香、臭、腥等,而味则酸甜苦辣样样俱全。农产品的气和味一般是通过鼻闻和口尝来辨别的。我们可以通过农产品的气味来鉴别农产品的质量好坏、成熟程度、新鲜度,还可以鉴别农产品的真伪和是否变质、变性等。

5.表面

每一种农产品的表面都有自己的特征,主要是指农产品表面是光滑还是粗糙,有无皱纹、皮孔或毛茸等。这些特征有无和存在情况,常是鉴别农产品品种的重要依据。

6.质地

质地是指农产品的软硬、坚韧、疏松、致密、黏性或粉性等特征。有些农产品因初加工方法不同,质地也不一样,如盐腌的农产品虽脱水但易吸潮而发软,含淀粉多的农产品(鲜品)在加热后因淀粉而易糊化,干燥后而质地坚硬。在经验鉴别中,用于形容农产品质地的术语很多,如形容质轻而松、断面多有裂隙,称之为"松泡";富含淀粉,折断时有粉尘散落,称之为"粉性";质地柔软,含油而润泽,称之为"油润";质地坚硬,断面半透明或有光泽,称之为"角质"。

7.断面

断面是指农产品折断时的现象,如易折断或不易折断,有无粉尘散落等及折断时的断面特征。自然折断的断面要看是否平坦,还是显纤维性、颗粒性或裂片状,断面有无胶丝,是否可以层层剥离等。对于不能折断或折断不平坦的农产品,为描述断面的形态特征,可刀切或锯成横断面,以便观察皮部与木部的比例、维管束的排列形状、射线的分布等,有些农产品肉眼可以看见黄色小点(分泌组织)等。

8.伤残缺点

虽然农产品的性状很优良,但在生产、收获、加工、保管、包装及运输等过程中,使性状发生某种变化,遭到破坏,会使农产品质量和使用价值下降,甚至失去使用价值。因此,伤残也是性状检验的重要方面。

二、农产品的质量性状和数量性状

（一）质量性状

质量性状多由一对或少数几对基因所决定,每对基因都在表型上有明显的可见效应。各质量性状之间有明显的质的区别,不易混淆,所出现的变异多是不连续性变异,即使出现有不完全显性杂合体的中间类型也可以区别归类。质量性状包括的种类很多,如野生动物的毛色、耳形、血型、畸形及各种遗传病等。

（二）数量性状

数量性状往往由多数基因所控制,每个基因只有较小的效应,在表型上并不明显可见,因而在实际研究中很难确定每对基因的作用。对这样的性状只能用数量遗传理论、数量统计的方法进行分析、研究,并用来指导育种工作。动植物的经济性状多数是数量性状。数量性状包括动物的体形大小、体重、毛长、毛色深浅、产仔力、抗病力、生活力和生长速度等;植物的高矮、粗细、颜色深浅、产量、抗病虫害力、抗旱涝力和生长力等。这些都是生产上很重要的经济性状,也是动植物育种的主要选择性状。数量性状的遗传虽然与质量性状的遗传有共同之处,但也有根本性的差异,所用的基本方法也不同,数量性状的特点有以下几个方面:

(1)在一个群体中,数量性状往往表现为一些没有明确界限的类型。在群体中,这些表现型呈连续变异而不是间隔中断的。如动物体重的由轻到重可以出现许多中间类型。

(2)数量性状有明显差异的两个群体之间交配所产生的子代,其数量性状的差异常表现出界于两个群体之间的中间型。

(3)数量性状的遗传基础是由多基因控制的。

(4)数量性状对环境条件的反应较敏感,它的表型往往受到环境的影响,同样的遗传性和基因型会因环境条件的差别而表现不同。

三、农产品商品性状的鉴别

(一) 农产品商品性状鉴别的方法

农产品商品性状的鉴别主要通过感官检验的方法。感官检验法就是通过人的感觉——味觉、嗅觉、视觉、听觉、触觉等对农产品商品性状进行评价的方法。或者说是根据农产品的商品性状(如颜色、气味等)直接作用于人体感官所引起的反映而对农产品进行检验的一种方法。

1. 视觉检验

视觉是辨别外界物体形状、明暗和颜色的感觉。由物体发出的光线作用于眼球的视网膜,引起其中感觉细胞的兴奋,再经视神经传入大脑皮层产生视觉。视觉在对物体的空间属性如大小、形状、远近等的区分上也起到重要的作用。

通过对被检农产品的观察,评价农产品性状的方法称为视觉检查。主要观察农产品的新鲜程度,有无霉变、虫蛀,农产品颜色、形态是否正常,有无异物或沾污,并检查农产品的组织状态,有无潮解或龟裂崩解等。为了使检验结果尽可能准确,有时要求设置特别的灯光和特别的环境,有时还要制定出标准实物样品作为对照比较的依据。视觉检查的内容最为直接,最为广泛,是极重要的一种方法。

2. 嗅觉检验

嗅觉是辨别外界物体气味的感觉。物体发散于空气中的微粒作用于鼻腔上部嗅觉细胞,产生兴奋,再传入大脑皮层引起嗅觉。嗅觉与其他感官,特别是味觉联系密切。

通过被检农产品作用于鼻腔的反映——嗅觉对农产品进行评价的方法称为嗅觉检验。检验时要由远及近,有少到多,以防止强烈的气味的突然刺激。检验时将农产品的少量样品放在手掌上,用哈气的方法加热,然后嗅其气味;气味强的农产品可直接接近或拿起嗅其气味;香气过于清淡的可以适当加热,掰开或趁势插入竹签,嗅其气味。液体样品可以适当振摇后嗅其气味。应首先辨别气味的性质(如香、臭、腥、膻)和强度,再仔细辨别香型,有无异常气味等。

3. 味觉检验

味觉是辨别外界物体味道的感觉。由溶于水或唾液中的化学物质作用于舌面和口腔黏膜上的味觉细胞(味蕾)产生兴奋,再传入大脑皮层,引起味觉。基本味觉有酸、甜、苦、咸四种,其余都是混合味觉。味觉通常与其他感觉,特别是同嗅觉、触觉相联系,如辣觉就是热觉、痛觉和基本味觉的混合。

通过被检验的农产品作用于味蕾的反映——味觉对农产品性状进行评价的方法就称为味觉检验。检验时通过舔、嚼、喝(有毒或发霉变质的不能咽下)等方法进行评价。在前两者正常的前提下,取少量的样品慢慢咀嚼,反复回味,咽下,品评从农产品入口到咽下的全过程的味感(酸、甜、苦、辣、鲜、咸、麻、涩等)和口感(松脆、坚硬、绵软、粗糙、细腻、酥化等)。品尝时农产品不可过热或过冷,应是农产品的正常温度。

4.听觉检验

听觉是辨别外界物体声音的感觉。由物体发出的声波作用于耳膜,引起中枢神经兴奋,再传入大脑皮层产生听觉。

通过被检农产品作用于耳膜的反映——听觉对农产品进行评价的方法称为听觉检验。听觉检验主要是对样品进行折、敲、打、撞、踹等手段,使农产品发出声响,从而评价农产品的内在质量(如含水量、质地疏密度、成熟度等)的一种方法。

5.触觉检验

触觉属于皮肤感觉的一种,它是辨别外界刺激接触皮肤情况的感觉,刺激轻轻接触皮肤感受器所引起的肤觉称为触觉。

通过被检验农产品轻轻作用于感受器的反映——触觉对农产品进行评价的方法称为触觉检验。检验主要是用手触、摸、捏、揉、握、搓、按、抖等对农产品的轻重、软硬、脆韧、弹性、拉力、黏稠、滑腻等性质进行检验。

通常在通过感官进行检验时,总有一个用语言描述的评价标准作为判断农产品质量好坏或划分农产品等级的参照,这就是农产品的感官指标,各类农产品都有各自的评价指标。将感觉器官的反映与农产品的感官指标对照,就比较容易评价农产品的商品性状。感官评定的结果最好以统计学手段进行综合评判,以便尽量删除主观因素引起的偏差。

(二) 农产品商品性状鉴别的意义

1. 品种鉴别

品种不同,农产品的性状也有着显著的差异,掌握不同品种农产品的主要性状的区别,便可以正确进行品种鉴别。品种鉴别在农产品质量鉴定中有着重要意义。没有正确的品种鉴别,其他鉴定程序则毫无意义。

2. 质量鉴别

农产品的不同质量表现为不同的性状,因此,可以根据农产品的不同性状来鉴别农产品的质量。任何性状的差异都可表现为质量的差异,透过性状可以看出质量,我们在对性状进行鉴别的目的最终是为了鉴定农产品的质量好坏。如棉花,白色的就要求洁白无暇,不能有其他杂色,棉纤维都要求越长越好,要结实、拉力强。粮食则要求色泽、气味正常,颗粒整齐,无病变、霉变及异味,无杂质等。

3. 性别鉴定

同一品种,性别不同,往往在性状上有着较大的区别,这是鉴定性别的重要依据。如不同性别的动植物在形状、大小、颜色,甚至产品的固有品质都有着较大的区别。性别不同,农产品的质量和使用价值也有很大的区别(如母元皮的价格仅是公元皮的 50%),甚至虽然是同一品种、同一产品,但有的性别就不生产这种产品(如只有公鹿产鹿茸,母林蛙产蛤蟆油,母奶牛产牛奶等)。

4. 产季、产期鉴别

同一种农产品,在不同的生产季节,不同的生产时期生产的性状差异显著,其质量和用途也不同。因此,可以根据农产品的性状来鉴别农产品的生产季节和生产时期,同时鉴别其品质和确定其使用价值。一般农产品都需要固定的生产季节和生产时期,否则其质量和使用价值就不符合本品种的要求,甚至失去使用价值。如,一般来讲作为各类种子都要完全成熟时才能采收,否则发芽率低甚至不发芽;山野菜采得过早太嫩太小,采得过晚又纤维化,在其纤维化前采摘最为适宜。

5. 产地鉴别

同一种农产品,生产于不同的生产地区,农产品的性状有着显著的差异,甚至生产于同一地区但小气候不同,农产品的性状也不相同。因此,通过鉴别农产品的性状,可以鉴别出农产品的生产地区和生长环境。生产于不同地区的农产品性状不同,其质量和使用价值也有很大的区别。如南方的山羊无绒,其皮只能用于制革,而北方的山羊有绒可以用于制裘或抓绒。再如产于平原的元皮张幅大、皮板厚、毛纤维粗、颜色较暗淡;而产于山区的元皮张幅较小、皮板薄而柔韧,毛纤维细密、灵活,颜色鲜艳,使用价值较高。

第三节　农产品的鉴别及等级评定方法

一、农产品鉴别的概念

农产品的鉴别包括对农产品质量鉴定和检验两部分,是农产品质量监督的基础,其任务是把关、预防和反馈。加强对农产品的鉴别,能提高农产品质量,能保证消费者或者用户所购农产品在使用价值方面符合要求,从而减少社会资源的浪费,促进经济效益的不断提高。

农产品质量鉴定是对农产品质量进行鉴别,以确定其使用价值的一系列活动的总称。它包括根据农产品的使用要求和使用条件,确定农产品的质量标准和检验方法,并根据已定的农产品质量标准和检验方法对该商品进行质量检验,以及根据检验结果进行质量分级,确定质量的优劣。农产品质量鉴定在农产品生产和贸易中起着重要作用:为农产品生产者提出了农产品生产的具体要求;在商品交换中,使农产品质量要求有具体的内容,防止贸易方面的纠纷;还极大地保证了消费者能用上合格农产品。

农产品质量检验是根据农产品质量鉴定的具体要求,对农产品进行抽样、技术检验和评定等的一系列工作。

农产品质量检验是根据标准对农产品的质量进行科学的鉴定,以判断其质量的高低和使用价值的大小。

农产品检验是一项综合评定和分析产品质量的工作,但因检验目的不同,其检验项目有繁有简。例如,全面分析研究产品的成分、结构、性质,拟定标准中切实可行的质量指标、科学的检验方法,或为了农业上培育优良品种而对产品性能质量进行全面分析、鉴定,其检验项目就多些,如果是为了快速收购、分级,其检验项目就应简单些。

二、农产品鉴别的目的和任务

(一)农产品质量鉴定的任务

(1)从用途及使用要求出发,研究农产品的质量要求,制订相应的质量标准。在质量标准中,还规定各农产品应达到的各项指标和检验方法以及质量分级标准。

(2)组织农产品生产、贸易部门对农产品进行质量检验,以确定其生产经营的农产品质量情况。

(3)横向比较同类农产品或同种用途农产品的质量情况,评选优质产品,提出改进农产品质量的建议,供生产部门参考;淘汰劣质产品,控制劣质产品的生产。

(4)鉴定技术改进后所生产的农产品质量,确定生产技术改进的先进性与合理性。

(5)根据质量要求、使用条件和农产品性能以及运输途径、贮存时间等要求,提出最佳商品包装的形式和技术;选择合理运输、装卸的工具和条件;采用最佳贮存方式,使农产品在流通中确保其使用价值。

(二)农产品检验的主要目的和任务

农产品检验的目的和任务是根据农产品质量鉴定的要求对农产品进行检验并判定农产品的质量。这是农产品流通中的一项重要工作。农产品检验不仅在于确定农产品质量是否合乎标准,属于什么等级,还要进一步全面阐明产品的成分、性质等各方面的特点,尽量提供有关使用价值的材料,以便扩大综合利用,并为改进农业生产,提高产品质量提供科学资料。农产品检验工作也是推动农产品标准化的一个重要手段。

农产品检验与农产品标准是相互联系,不可分割的。任何一种产品标准的制订,必须以大量的检验结果、正确的检验数据为依据。标准发布后,要确定产品质量,进行分级,又必须根据标准中规定的质量指标,通过检验工作来确定。农产品检验是贯彻价格政策,按质分等论价的重要手段,它对改善流通企业的经营管理,促进农产品质量提高,提供优质工业原料,都有着十分重要的意义。农产品检验是流通部门不可缺少的主要工作,在商品流通各个环节,如收购、储存和养护、交接验收、销售等都需要进行质量检验;农产品检验也为确定产品最适当的包装、保管和运输方法、合理的加工方法提供科学的依据,从而能保护商品质量、降低损耗、加速商品流转。

农产品检验有商品批的确定、抽样检验方法确定、试样检验和质量判定等内容。这些工作可由专人承包执行,也可由一个专门机构执行。

对农产品的鉴别是实行质量管理和监督的有力手段,也为市场质量监督提供了重要依据。

三、农产品质量的鉴别

农产品质量鉴别一般包括抽样、检验、等级确定等步骤。鉴别农产品的方法主要有两类,一类是感官鉴别法,一类是理化鉴别法。前者是借助感觉器官进行鉴别的方法,后者是借助各种仪器和试剂进行鉴别的方法。

(一)抽样

抽样也称为取样,是农副产品检验的第一道手续。取样的代表性与检验结果的准确性有密切关系。为了使抽样的样品品质能代表整批产品的品质,必须依据统计学原理,在保证整批产品中任意一个都有被抽取的机会,即概率相等。这样在检验时仅对样品进行鉴定,即可将检验结果用于评价整批产品的质量。所以正确的抽样方法和合理的保管样品的方法,是获得准确检验结果的前提条件,否则抽样无代表性或样品保管不善,质量发生了变化,即使检验结果十分准确,也不能代表整批产品。

在有些场合下,要求逐个检验每个商品,而且也能够做到时,就不存在抽样问题。

1.抽样的规则

抽样时必须注意样品的代表性,并遵守下列几点规定:

(1)外地调入农产品应审查该批农产品所有证件,包括运货单、质量检查证明、商品检验和卫生机关的检验报告单,而后从表及里检验。

(2)发现包装不好而影响农产品质量时,应将包装打开进行采样分析;包装完好,可打开部分包装,采取样品检验。

(3)小包装农产品,可取其中2～3包作为送检样品。样品应保持包装完整无缺,附说明书和商标。

(4)大量农产品,如积聚成堆,或仓贮的谷物,应从堆的上、中、下层采样,将各部位所采的样品混合均匀,再用"四分法"将对角两瓣去除,剩余的两瓣再重新混合取样,直到需要的数量为止。在轮船上的农产品应按五朵梅花形五点采样,然后按四分法取样,理化检验应将样品磨碎成粉末过筛,送检样室化验。

(5)新鲜肉的取样方法:根据不同目的和要求而定,有的可以从不同部位采样,混合后代表该头家畜,有的从很多家畜的同一部位采样,混合后代表某一部位的情况。

(6)水果和蔬菜的理化检验应先去皮和核,只要可食部分;体积小的食物,如豆荚、枣、葡萄、山楂等,将多量样品混合均匀后,用四分法取样,多次操作,直到所需数量(不得少于500克)。

(7)体积大的农产品:如西红柿、胡萝卜、茄子、西瓜等,应由多个单独样品中取样,以消除样品之间的差异。理化检验取样方法是:由每一个样品的对应面各切下一角(纵切),以减少内部之差异。

(8)体积膨松、叶型蔬菜:如油菜、韭菜、小白菜等,应由多个单独样品取样(一筐、一捆),分别抽取一定数量,所取总量应在1000克以上。

(9)有时要确定农产品腐败的程度,亦可采取它的腐败部分、污染部分或可疑部分。

(10)在感官上、性质上极不相同的农产品,一般不要混在一起,需分别包装。

(11)设法保持样品的原有微生物情况和理化指标,在进行检验之前不沾污,不发生变化。

(12)一切采样工具,如采样器、容器、包装纸都应清洁,不应将任何有害物质带入农产品中;供细菌检验用的农产品,应严格遵守无菌操作。

(13)采样后应迅速进行检验或送往实验室进行分析,尽量避免发生变化。

(14)记录采样单位、地址、日期、时间、样品编号、样品重量和包装、采样的条件和检验目的。

2.抽样方法

现行通用的抽样方法有随机抽样法和典型抽样法。

(1)随机抽样法:是指抽样时不随人的主观愿望进行抽样,使每件商品都可能成为样品的抽取方法。

1)单纯随机抽样:设在 N 个商品中抽取 n 个作为样品,每个商品被抽到的机会是 n/N,抽样时随意抽取,不对试样进行比较,抽样后也不允许调换,这种完全随机的抽样方法叫单纯随机抽样。在实际工作中,为了避免人为造成样品代表性不强,可先将每个农产品编号,再用随机方法进行抽样,以便得到合理的随机率。这种方法用于农产品数量不大、抽样比较方便的场合。

2)系统抽样:把农产品编号,按一定程序进行抽样,如按 3 进行抽样,即逢 3、13、23……作试样,也可按其任意一个自然数取试样。这种方法适于半成品抽样,其缺点是由于抽样均匀有规律,有时偶尔将刚好在另一种数量规律的有问题产品漏掉。

3)分层、分段抽样:由于农产品数量大且存放场所多,到货期又不一样,则可把一大堆农产品分成若干堆或若干层,每堆或每层按一定百分比抽样,最后将试样集中检验。分层抽样用于数量大且堆放在一起的农产品抽样;分段抽样用于来货期不同且堆放地很多的农产品抽样。分段抽样可先检抽最早的到货,再检抽最后的到货。发现最早到货就有问题,则应对以后每次到货都严格检查。

4)整群检验:是把大包装作为整体进行抽样,然后,对抽出的大包再以小包装为单位进行抽样,即先群体抽样再个体抽样,这种方法对工业品比较合适。

(2)典型抽样法:这是按农产品情况典型地抽取样品,它不同于随机抽样法,而是以比较少的试样分析估计整批农产品的质量情况。如检验花生中的黄曲霉素,先检验霉度严重的花生米粒,如果未发现黄曲霉素,则可判断整批花生的黄曲霉素含量符合标准。

3.抽样数量的确定

目前我国抽样数量确定的方法有百分抽样法、计数抽样法和计量抽样法,农产品检验抽样一般采用百分比抽样法。

百分抽样法,即用百分比抽样法决定抽样法的方法。根据批量的多少抽取一定百分率作为试样。如农产品批量为 500($N=500$),抽取 5%,作为样品,应抽(500×5%)25 个。常用抽样比例为 5%。

用这种方法抽样,农产品批量在 500～5000 个之间比较合适。如果农产品批量很小,则抽取试样数至少 5 个;若批量数大于 10000 个,则抽取 3%;大于 100000 个,抽 1%。

(二)感官检验

感官检验是用人的耳、目、口、鼻、手等感觉器官,通过听觉、视觉、嗅觉、味觉、触觉等来检验农产品的质量。这种方法主要应用于检验农产品的外形特点、外观疵点、色泽、硬度、弹性、气味、滋味、声音,以及包装方面的质量。

感官检验对所有农产品质量鉴定都是必要的,这种方法在农产品检验中使用最广泛,占有重要地位,往往可以决定其质量的优劣,如棉、麻、烟、茶、畜产品等农产品的检验,目前均以感官检验为主。感官检验的优点是快捷、简便、易行,不须繁杂的仪器设备,有一定的科学性和准确性,在农产品检验中常采用此种方法。缺点是检验结果只能用专业术语或记分来表示质量的高低,不能用具体数值来表示。它受检验人员的生理条件、工作经验和外界环境的影响较大,有一定的主观性。

感官检验可分为视觉检验、嗅觉检验、味觉检验、触觉检验和听觉检验。

感官检验的五种方法,常常不是孤立地运用某一种方法,而是综合运用几种方法,全面鉴定农产品。

(三)理化检验法

理化检验法与感官检验不同,它是利用各种仪器、设备、器械和化学试剂来鉴定农产品质量的方法。通过理化检验法能探明农产品的内部疵点,并能深入地测定农产品的成分、结构和性质;其鉴定结果较感官鉴定客观而精确,可以用具体数值表示。

理化鉴定可用化学、光学、力学、热学、电学、物理化学、器械、生物学等方法进行检验。随着科学技术的发展,各种新型的鉴定方法与检测方法不断得到广泛应用,理化鉴定方法的种类越来越多,应用范围越来越广,而且在鉴定的准确性、灵敏度和稳定性方面都在不断提高,越来越向着快速、少损(或无损)、自动化的方向发展。例如,用 X 射线光谱的元素分析,试验时不必破坏物质的分子,分析前对试样处理要求极少,完全可以做到无损测定。尤其是计算机用于理化鉴定已远远超过了数据处理范围,它既可用来监督仪器的性能,还可以控制其运作和各项操作的参数。但理化检验法一般不如感官检验迅速简便,并且需要一定的仪器、设备和试剂及操作技术。

无论是理化检验还是感官检验,都会有对检验结果进行分析处理的问题,检验结果对一农产品的真实性能来讲必然存在一定的误差。因此,进行检验时,必须遵循为了保证鉴定结果的准确性和重复检验时结果一致性的各种必要条件。如果出现误差,一方面应分析造成误差的原因,并在可能条件下采取措施加以消除;另一方面应将所得数据进行合理处理,估计其精确程度,根据鉴定结果确定误差数量范围,并用有效数字表示出来。

理化检验法分物理检验法、化学检验法和生物检验法。物理检验法用来检验长度、强力、细度、密度、重量、体积、色泽、透明度、导电性等。化学检验法用来检验农产品的成分及有害物质等,化学检验法又分为定性分析和定量分析两种。生物检验法是对于可食农产品及皮张、绒毛、鬃尾等农产品是否有有害微生物的检验。

1.物理检验法

物理检验法包括范围很广,常使用与光学、力学、电学有关的仪器。

(1)显微镜检验法:用显微镜可观察到农产品的细微结构。还可利用各种化学试剂与农产品起反应后,在显微镜下观察,以确定农产品的成分和性质,称为显微镜化学检验法。

(2)折光仪检验法:利用折光仪测定农产品的折光率,以确定农产品的纯度。这多用于液体农产品,如食用油和芳香油。

(3)比重法:利用各种比重计,如波美表、比重表、比轻表、比重天平等来检验农产品的比重,从而确定农产品的纯度或有效成分的含量。

(4)旋光仪法:利用旋光仪测定农产品中具有旋光性物质的多少。如测定糖的比旋度。

(5)热学检验法:利用仪器测定农产品的一些热学性质,如测定耐热性、熔点、凝固点等。

(6)器械检验法：利用一些特制的仪器来检验农产品的物理机械性质，如纤维强力机械测定纤维强力、弹性等。检验这些性质所用仪器，都属物理力学方面的仪器。

2.化学检验法

化学检验法是以农产品中被测组分的化学性质为依据的检验方法，或者说是根据农产品中被测组分与试剂所进行的化学反应为基础的检验方法。在这里主要介绍几种定量分析方法。

定量分析法是化学检验法的一部分，它的任务是测定试样组成部分的质量。由于它解决了量的关系，因而具有很重要的实用意义。在很多农产品质量检验中，定量分析法已成为不可缺少的手段。目前特别是对农产品有害物质含量的测定尤为重要。

定量分析的方法有重量分析法、容量分析法、比色法、层析法等。

(1)重量分析法：重量分析法是称取一定重量的样品，使被测定成分与样品中其他成分分离，然后测定该成分的重量，根据测得的重量，可以计算出样品中这种成分的含量，叫重量分析法。主要包括沉淀法、挥发法、萃取法和灰化法等。

(2)容量分析法：容量分析法是根据一种已知准确浓度的溶液加到被测物的溶液中，滴加至试剂的量与被测物质的含量相当，即两者的当量数目相同时，由试剂的用量和它的浓度可算出被测物的含量。

(3)比色法：比色法操作方法简便，需要的样品少，分析准确度高，因此在农产品检验中应用比较广泛。如农产品营养成分、油脂色度及薰蒸药剂残留量测定等都可应用比色法。

有许多物质本身具有颜色，另有许多物质本身虽无色，但在适当的条件下与显色剂作用后形成有色的物质，如铁盐与硫酸氰化物作用生成血红色的络合物。当这些有色物质的溶液浓度改变时，溶液深浅也就随着改变。在一定浓度范围内，溶液越浓，则颜色越深，因此可以通过比较溶液颜色的深浅来判断物质的含量，这种方法称为比色法。

比色法灵敏度很高，可以测定含量很低的组合，通常每毫升溶液中含 10^{-7}g 有色物质即可用比色法测定。比色法误差较大，为 1% ～ 10%，但对微量组分的测定，仍可得到满意的结果，只是对于常量分析，比色法不如重量法和容量法准确。比色法测定需要有标准样品,有的组分由于找不到合适的标准样品而使比色无法准确进行。

(4)层析法:层析法也叫色层分析法或色谱法,在农产品检验中,用来测定黄曲霉毒 B_1、薰蒸药剂残留量和有毒的重金属等。

层析法是利用混合物中各个成分的理化性质的差别使各成分以不同程度分布在两相中,一个为固定相,一个为流动相,流动相带着试样流经固定相时,各个成分以不同的速度移动,从而达到互相分离。

3.生物检验法

农产品中含有丰富的营养成分,在生产、储存中易受微生物污染,从而使产品色、香、味发生变化,腐败变质,人们食用后轻者中毒,重者死亡,为此要进行生物检验。

农产品的生物检验,通常是通过检查细菌总数、大肠杆菌群来判断农产品被污染的程度,从而间接判断有无传播肠道传染病的危险。在常规检验中发现可疑致病菌或食物中毒时,就要进行致病菌检查。一般通过肉眼观察、显微镜检验、生化反应、血清分型、动物试验等手段对污染农产品的细菌进行检出与计数检验,从而给农产品的卫生学评价提供依据。常见的致病菌有葡萄球菌、链球菌、肉毒梭状芽孢杆菌、沙门杆菌和志贺杆菌 5 类。

(1)细菌卫生学检验方法

1)杂菌总量的测定:杂菌总数是指 1ml(1g)样品中,经一定条件培养后所得的细菌菌落总数。杂菌总数的测定可以判定样品污染程度,同时可以观察细菌在样品中的繁殖状态,为被检样品进行准确的卫生学评价提供依据。

杂菌总数的检验通常采用稀释培养,肉眼目测计数的方法。

2)大肠菌数近似值的检验:大肠菌数是指一般在 37℃,24 小时能发酵乳糖、产酸、产气、需氧和兼性厌氧革兰阴性的无芽孢杆菌。该菌数主要来源于人畜粪便,故以此作为粪便污染指标,对检查农产品的卫生质量具有广泛的意义。

大肠菌群及大肠杆菌的检验常采用发酵法。

(2)致病菌的检验

常见致病菌包括肠道致病菌、葡萄球菌、厌氧细菌、结核分枝菌、布鲁菌、炭疽杆菌、蜡样芽孢杆菌、猪丹毒杆菌、出血性败血病杆菌等。其中肠道致病菌主要为沙门菌、志贺菌、致病性大肠艾希菌、变形杆菌、副溶血性弧菌等，厌氧细菌主要有肉毒梭菌、韦氏梭菌等。

致病菌污染农产品时对人体危害极大，常造成疾病传播。很多致病菌的致病性在于其产生的外毒素，误食含有致病菌毒素的食品可引起食物中毒。其中污染农产品的主要细菌毒素是沙门菌毒、葡萄球菌毒素、肉毒梭菌毒素等。此处简要介绍沙门菌、葡萄球菌、肉毒梭菌、志贺杆菌、溶血性链球菌。

1)沙门杆菌的检验：人体摄入大量沙门杆菌属的活菌后，在肠道内繁殖，经淋巴系统进入血液循环，出现暂时性菌血症，引起全身感染。在小肠淋巴结和其他单核吞噬菌破坏后，沙门菌放出内毒素，造成腹泻等食物中毒症状。

沙门杆菌在60℃下加热10分钟可以被杀死。病人和动物及带菌者，体内菌体自机体排出后可污染水、食物、蔬菜、果品等食品。健康和生病的畜禽体内也可能含有沙门杆菌。

农产品沙门菌的检验，必须考虑农产品污染沙门菌的数量，即使产品中有1个沙门菌，也应该把它检验出来，这样才能保证人身安全。由于农产品中杂菌的数量可能大于沙门菌几十倍、甚至几百倍，所以在检查时，应首先使用增菌培养法。增菌培养后，必须使用分离培养基，使沙门菌从杂菌群中分离出来。然后，将可疑沙门菌进行生物化学和血清学检查，最后作出判断。

分离和鉴定农产品沙门菌的基础步骤是前增菌、选择性增菌、选择性平均分离、生化筛选、血清型等。

2)志贺杆菌的检验：志贺杆菌有内毒素，痢疾志贺菌尚产生外毒素，该毒素并非活菌分泌，而是菌死后释放出来的并非真正外毒素。对人致病最强的为痢疾志贺菌，中毒呈痢疾症状。主要靠存在于患者肠道或排出的粪便及被污染的农产品传播，在60℃下加热10分钟可将其杀死。

3)致病性葡萄球菌的检验：致病性葡萄球菌中毒的主要症状为胃肠道急性炎症变化，恶心、呕吐、腹部痛及腹泻。此外尚有头痛头晕、发冷等。

污染来源为空气、水、土壤。一般人的皮肤、鼻咽腔皆可能有此菌的存在。患有葡萄球菌化脓性皮炎、乳房炎、鼻咽腔炎者,带菌率更高,是传播的主要来源。

若要判定致病性葡萄球菌是否存在,需进行直接涂片镜检,接种于血琼脂平板上目测甘露醇发酵试验,使判断结果更为可靠。

4)肉毒梭状芽孢杆菌的检验:肉毒梭状芽孢杆菌能产生强烈的外毒素,是现已知的化学毒物及细菌毒素中最强烈的一种。在蔬菜类罐头、肉鱼加工品中均有发现,12～24 小时潜伏期后发病,通常呈恶心、呕吐等胃肠症状,以后呈视力、咽喉等神经症状。A、B 型芽孢在 120℃下加热 4 分钟或在 100℃下加热 6 小时可以被杀死。

肉毒梭状芽孢杆菌分布于土壤、动物粪便、尘埃、水果及蔬菜中。

通常采用肉毒素检出;增菌产毒培养后镜检,检查肉毒素;分离培养后观察、镜检;对纯培养物进行毒素检出、生化反应试验等检出与鉴定肉毒梭菌。

5)溶血性链球菌的检验:引起中毒的是甲型链球菌,中毒原因为该菌产生溶血素等外毒素,人体摄入大量活菌可引起感染型食物中毒。临床主要症状为腹泻、腹痛、恶心、呕吐等急性胃肠炎。在 60℃下加热 30～60 分钟可杀死该细菌。

人和动物的带菌者常为污染的主要来源。

四、农产品的等级评定

等级评定是农产品质量检验的最后一个重要步骤。农产品等级评定实际上是对农产品内在质量、外观质量和包装质量等作出检验结论。对农产品进行等级评定,是农产品检验工作的目的之一,农产品的分级是按一定的质量指标进行检验后,将农产品分为若干等级的工作。

等级这一概念是用来决定农产品有用性程度的质量范畴,它是相对的,有条件的。农产品的等级有时也称为品级。等级常用顺序号来表示,如一等、二等、三等或一级、二级、三级等,此时"等"与"级"无含义上的差别。

有些农产品在等下面,还有级别之分,如二等一级、二等二级、二等三级等等,此时"等"与"级"的含义有所不同。也有一些农产品用其他的方式来表示,如优级、上级、中级、下级等。随着科学技术和生产技术的发展,农产品质量的提高,不同时期的同一等级所表示的农产品有用性程度会相应地有所提高。农产品的质量受气候及病虫害的影响极大,因此不同年份和不同地区的同一等级,在质量方面也可能有较大差异。

(一) 农产品质量等级评定的原则和依据

1.考虑农产品的使用要求

将符合使用要求的农产品定为合格或优级品。考虑农产品的使用要求,首先要考虑农产品的安全性能,凡是给使用者造成人身事故或环境事故的农产品应定为不合格品。另外,农产品的用途和使用特性也应作为农产品分级时考虑的主要因素。

农产品分级时还应对农产品各种质量缺陷分类。从消费者角度看,任何不符合技术规定要求的缺陷都是不能容忍的;从生产角度看,产品都不可能十全十美。为了考虑使用者和生产者各自的要求,即保护消费者的权益又有利于减少生产成本,生产优质农产品,对每一种农产品都规定了农产品缺陷指标。

2.考虑国家经济的全局利益

所谓全局利益,即对国家、企业、个人三方面的经济利益予以全面考虑。一是不可把质量标准定得超出现有生产水平,也不可把质量标准降低到危害人身安全和造成环境污染的水平,而应当从实际出发,做到切实可行、注重实效、考虑消费层次的不同要求。鼓励用新技术开发新产品,不断淘汰劣质产品。

(二) 农产品的分级标志

农产品分级标志较多,农产品分级不仅取决于用途和消费层次,还取决于生产方式、成熟度、自然形态、病害、气候等。

1.合格品与不合格品

合格品是符合使用要求的产品,不合格品是不能用的废品(如变质农产品)。

2.优级品、等级品和等外品

优级品,在农产品中多用"特级"、"特等",是几乎完全符合要求的农产品,有时也称一等品。等级品是不完善、但仍有一定使用价值的农产品,等级品的等级很多,有一等、二等……若优级品叫一等品,则等级品从二等品算起,但这种分级法容易混淆等级标准,建议少用。

3.多级分类标志

多级分类标志是用几个级别表示农产品的质量,如棉花,有纺织用棉和短绒两大类,每类又分为好几个等级;烟有甲、乙、丙三级三大类,每大类又分为三个级别,即甲一级、甲二级、甲三级等等。之所以分这么多等的类别,是因为这类产品的质量、性能差异性很大,又不易人为控制。

(三) 常用分级方法

1.限定法

这种分级方法就是将农产品各项缺陷和各项要求都列出来,凡不符合要求者作为一项缺陷,缺陷累计超过一定数量,或缺陷大小、位置超过规定标准者,则认为该农产品不符合某一等;缺陷数不足限定数者,则认为符合某一等。用这种限定法分级适用于农产品缺陷易被人肉眼看出的表面性能或易为仪器作无损鉴定的农产品质量的鉴定。另一种是对各等级的实物标准样品规定一个限度,如皮棉的实物标准,规定各级都是底线。

2.计分法

计分法是将农产品的各种缺陷和各项要求列出,根据这些缺陷的重要性逐一定分数,累计各项分数,分数越高等级数就越高。有些工业原料,对其每种疵点规定一定分数,疵点越多,分数就越多,等级就越低。这种方法的重点是对缺陷不等同对待,而是针对缺陷造成的质量问题的主次进行加权分配分数,轻重缺陷均记分,有利于较准确、客观地检验农产品质量。这种方法在国际贸易中应用也较广泛。

3.百分记分法

百分记分法是列出农产品的各项质量要求,将每项要求对农产品的重要性分别用百分数列出,最后累计得分。如水果分等分级时,果品糖度比标准高,分数增加,比标准低,分数减少。西瓜的甜度标准要求一般为11度,比11度高的每高出0.2度加1分,比11度低的每低0.2度减1分。百分法常用于对成熟的鲜活农产品质量的分级。

思考题：

1. 什么是农产品？一般分为哪几大类型？
2. 其他农副产品主要包括哪些？
3. 农产品的商品性状是指什么？是由什么决定的？
4. 农产品商品性状有哪些基本要求？
5. 农产品商品性状的内容有哪些？
6. 农产品商品性状鉴别的方法有哪些？
7. 农产品的鉴别包括哪两部分内容？
8. 鉴别农产品的方法有哪些？
9. 农产品质量等级评定的原则是什么？
10. 农产品的分级标志是什么？
11. 常用的分级方法是什么？

第八章 农产品的包装、储运与核算

第一节 农产品包装

一、农产品包装的分类

(一)运输包装

运输包装又称大包装、外包装,它是将货物装入特定容器,或以特定方式成件或成箱的包装。其作用:一是保护货物在长时间和远距离的运输过程中不被损坏和散失;二是方便货物的搬运、储存和运输。

(1)单件运输包装:是指农产品在运输、装卸、储存中作为一个计件单位的包装,如纸箱、木箱、铁桶、纸袋、麻袋等。

(2)集合运输包装:是指将一定数量的单件包装组合成一件大的包装或装入一个大的包装容器内,包括托盘、集装袋等。

(二)销售包装

销售包装又称小包装、内包装或直接包装,是指产品用适当的材料或容器所进行的初次包装。销售包装除了保护农产品的品质外,还有美化农产品,宣传推广,便于陈列展销,吸引顾客和方便消费者识别、选购、携带和使用,从而能起到促进销售,提高农产品价值的作用。

二、农产品包装的要求

(一)标准化

标准化是指对农产品包装所用的材料、结构造型、规格、容量及农产品的盛放、衬垫、封装方法、名词术语、印刷标志和检验要求等加以统一规定的一项技术性措施。标准化是根据产品的理化性能、生物性质、形状、体积、重量,在有利于农产品的生产、流通、安全和节约的原则下制定的统一标准,使同种同类产品的包装趋于一致。

(二)系列化

系列化是指在同类产品的标准包装中,为了满足不同盛量的需要,并适应盛装其他产品的通用范围,按照一定的规律和经济技术要求,确定一系列不同规格、不同容量的包装形式,组成一套产品包装标准。

(三)通用化

通用化就是在设计包装时,不仅要适应一种产品的要求,而且要尽可能地考虑到能够在多种产品之间通用。

产品包装的"三化",不仅可以扩大产品包装的使用范围,促使回收复用,节约包装材料,而且对保护产品安全,适应运输工具的装载能力,便于装卸搬运、交换、堆码,提高劳动生产率,便于实行储运作业机械化,降低物流费用等,都具有重要作用。

三、农产品包装决策

1. 相似包装决策

相似包装决策是指在所销售的农产品包装上采用相似的图案、颜色,体现共同的特征。其优点是能节约设计和印刷成本,树立良好的形象,有利于新产品的推销。但有时也会因为个别产品质量下降影响到其他产品的销路。

2. 差异包装决策

差异包装决策是指所经营的各种产品都有自己独特的包装,在设计上采用不同的风格、色调和材料。能避免由于某品种推销失败而影响其他品种的声誉,但会增加包装设计费用和新产品促销费用。

3. 复用包装决策

复用包装决策是指包装内的产品用过之后,包装物本身还可作其他用途使用。

4. 分等级包装决策

分等级包装决策是指对同一种农产品采用不同等级包装,以适应不同的购买力水平。如送礼用的水果包装和自用的采用不同档次的包装。

5.改变包装决策

改变包装决策是指当某种产品销路不畅或长期使用一种包装时，可以改变其包装设计、包装材料，使用新的包装。这可能使顾客产生新鲜感，从而扩大产品销售。

第二节　农产品储存

一、储存及储存业务管理的任务

(一)储存的概念

储存是指利用仓库存放未及时使用的物品的行为。从动态角度讲，储存是对有形物品提供存放场所、物品存取过程和对存放物品的保管、控制的过程。

(二)储存业务管理的任务

1.建立健全仓库管理的有关规章制度，尽量降低人、财、物力消耗，加强防火、防盗、防汛、防意外事故的工作，做到安全、经济，逐步实现仓储设施的现代化。

2.不断完善各要素的优化组合、配置，提高仓库利用率、设备利用率和职工劳动效率，合理堆码货物，简化出入库手续，收货发货准确无误，做到储存多、进出快。

3.根据货物的属性，确定合理的存放地点，妥善堆码，科学养护，尽量降低损耗。

二、仓库及其分类

(一)仓库

仓库是保管、存储物品的建筑物、场所和设备的总称。

(二)仓库的分类

1.根据保管货物的不同要求分为：

(1)保温仓库:主要用于储存一些对温度和湿度等有特殊要求的仓库,恒温、恒湿和冷藏库都属于这一类。一般用于粮食、水果、蔬菜、肉类等的储存。仓库的建筑要进行防寒、隔热、密封等特殊处理,并配备专门的设备,例如制冷机、空调等。

(2)特种仓库:用于专门储藏粮食的粮仓及储存危险品的仓库。需针对货物的特性提供特殊的保管条件。

(3)一般仓库:指用于存放一般货物,这些货物对仓储条件无特殊要求,仓库的设备较简单。

(4)保税仓库:是设置在一国国土之上,但在海关关境以外的仓库。进口货物可以免税进出这些仓库而无需办理通关手续。经批准后,可在保税仓库内对货物进行加工、存储、包装和整理等业务。对于在划定的更大区域内的货物保税,可称之为保税区。

2.按仓库的结构不同,分为:

(1)筒仓:用于存放散装的小颗粒或粉末状货物的圆筒状的封闭式仓库,如粮仓。

(2)露天堆场:指露天堆放货物的场所。如木材堆放的地方。

(3)多层仓库:一般设在地价高的大中城市的市区内,呈阶梯状的叠层,各层设平台,供起重机将货物吊至此处,再移至库内。

(4)立体仓库:利用库内的高层货架来存放货物,库内配备自动化的搬运设备。

(5)平房仓库:没有上层,全部仓储作业都在地面上进行。库内装卸、搬运方便,能承受较重的货物堆放。此类仓库对土地的利用率较低,故一般设在城市的非黄金地带。

农产品的储存业务主要包括入库验收、在库货物的养护、出库业务。

三、农产品的入库验收

(一)对入库货物进行检验

一般情况下,要查清货物的名称、数量等是否与货单上记载的一致,检验货物的外包装是否良好,对无需开箱、拆捆的可直接检验其质量情况。对于具体项目的检验可根据合同约定、作业特性确定。检验的方法通常按货物的特性和仓库的习惯来确定,也可根据仓储合同约定,一般包括外观质量检验、内在质量检验和数量检验。入库验收人员在验收货物时对于发现的问题可采取以下处理办法:第一,对于包装破损或不完整的情况,收货人员和货物运送人员可开箱检查,若有短少、破损,应做好记录,另外存放。第二,货未到齐。同一单证上的货物没有全部运到仓库,此种情况下,收货人应按实到数在相关单证上签字。第三,数量短少。查验后到货的实际数量和单证上记载的不同,再进行复验,按实际收到的数量签收,并做好记录。确定责任方,将短少的情况向有关责任人通报,以求妥善处理。

(二)接收货物

经清点、查验后的货物,即可安排卸货、入库堆码,仓库接收货物。堆垛作业完毕后,收货人与送货人办理交接手续,并建账。签署单证,如送货单、交接清单,并留存相应单证。同时,承运人或送货人签署有关入库、查验、残损单证和事故报告。

储存管理中,对出入库要建立详细反映仓库货物情况的明细账,以记录货物进库、出库、结存的详细情况。交接手续办完后,就应准确地将入库货物登记入账。其主要内容包括:货物的名称、规格、数量、累计数、结存数、存货人、提货人、批次、金额、注明货位号或运输工具、经办人。为了便于管理,可把储存的货物情况填到卡片上,放到相应货位的货物的明显位置。

四、农产品储存期间易出现的各种损失

(一)由氧化而造成的损失

某些农产品,如毛、棉、麻、丝等天然纤维,由于长期接触阳光和空气,与氧发生化学作用,会使这些天然纤维褪色、变色、老化、脆化、分子链裂解,造成纤维强度大大下降,这就是氧化。氧化严重损害农产品的使用价值,进而影响其销售,造成损失。为此,在储存过程中要防止产品裸露在外,避免曝晒和阳光照射,保持仓库内的通风散热,阴凉干燥。

(二)由农产品自燃而造成的损失

有些农产品,如粮食、棉花在氧化过程中产生热量,当热量积聚到一定程度时,会发生自燃,因此会带来损失。例如,棉花的阴燃,其主要原因是不适宜地加工了超水分的籽棉,生产出的成品皮棉超过8%的安全水分。棉纤维中含有部分腊质脂肪和果胶,这些物质都是微生物的养料。而微生物(如霉菌)在呼吸繁殖过程中产生热量。由于加工的皮棉榨包成形后导热性能差,其内部热量散发不出去,内在温度便逐渐升高,引起棉纤维霉变酸败,进一步分解氧化。如果它的内在温度继续升高,反应速度加快,由于积热散发不出,它的内热可达到150~200℃,这时内部发生燃烧并向外延伸,即阴燃。通过细小的棉纤维孔隙内的氧气形成阴燃,在码垛后觉察不了,一时不见烟,也看不到火,它的持续时间很长,短时可达6~7天,长时达一个多月才能被发现。待其内部温度越来越高,热量积聚后产生自燃并向四周蔓延,这时才可嗅到焦臭味。发现棉包失火,抢救时需先往包垛内注水,然后挪包,将阴燃的包挪到另一角落,再往四周注水,最后拆包检查扑灭。因此,籽棉入库验收要严格按正常含水率验级收购,绝对不能入库超水分的棉花。

(三)溶化造成的损失

有些农产品,当吸收水分达到一定程度时,就会发生溶化现象,部分或全部变为液体,造成损失。这是由空气湿度大引起的。空气湿度越大,物体吸湿性越强,吸湿速度越快,溶化速度也越快,损失也越大。因此,要防止发生溶化,基本措施是降低空气湿度。

(四)由于农产品破碎造成的损失

有些农产品如鸡蛋、鲜果、鲜花、蔬菜等,受到机械力的碰撞、挤压时便会破碎造成货物的损失。为此,要采用适当的包装材料和包装方式,要坚固结实,使货物不至于受挤压,装卸、搬运、翻堆倒垛时要轻拿轻放。

(五)由于虫害造成的损失

仓库害虫本身有飞翔和爬行的能力,会爬进或飞进仓库而危害储存的货物。此外,仓储的机械和用具、包装、交通工具等,都可以成为仓库害虫的载体,将害虫由此地传播到彼地。该类害虫主要有黑皮蠹,危害粮食、皮革、羊毛等;竹长蠹,危害竹、藤,成虫危害木竹;星天牛主要危害树木。这些害虫的繁殖、生存会使仓库中的农产品遭受损失。为

此,在实际仓储管理中要贯彻"以防为主,防治结合"的方针,同时对仓库害虫的防治要采取治早、治少、治了的原则。具体措施有:

(1)禁止有危害性的害虫由国外传入或由国内传出,做好进出口农产品的检疫,对出入境人员携带的来自疫区的农产品绝对禁止进入我国境内。

(2)对国内已经发生害虫的局部地区进行一定范围的封锁,防止传播。

(3)对已经传播来的害虫采取措施,控制扩展,及早消灭。

(4)对入库货物要严格入库前验收,若发现货物上或包装上有害虫,应及早处理。此外,货物在保管期间要定期进行检查。

(5)测报虫情,有关人员必须加强虫情观察,掌握害虫的生存、繁殖规律,尤其在成虫活动季节,加强在库货物的检查。

(6)低温、高温杀虫。仓库害虫一般在环境温度为 8~15℃ 时开始停止活动;4~8℃ 时处于冷麻痹状态,延长这种状态的时间,害虫就会死亡。高温杀虫即利用害虫畏怕高温的特点,提高温度,杀死害虫,一般害虫在 50℃ 以上的高温下,包括各个发育期的害虫、卵、蛹均可杀死;70℃ 时,只需要 30 分钟即可杀死害虫。可利用日光曝晒,但注意晒后的货物要充分散热,才能装入包装上垛。而且晒的货物应是不怕融化、褪色、干裂的,如中药材。

(7)机械和人工清理。对于粮食及部分粒状药材类,一般在曝晒后利用风车、筛子和其他人工器械进行扇、筛。对筛出的碎屑与害虫要集中处理烧掉。

(8)远红外线防治害虫。利用远红外线的光辐射所产生的高温,快速干燥粮食并杀死害虫。

(9)微波防治害虫。根据微波的热效应原理,由于虫体内有一定量的水分,害虫经微波加热处理,体内的水分子发生振动摩擦而产生热量,微波被水吸收转变成热能,从而促使害虫迅速死亡。采用这种方法时,操作人员要采取必要的防护措施,因为微波对人体的健康有一定影响。

此外,在不影响农产品使用价值的情况下,可采取一些安全的、无残留的化学药剂杀灭害虫。还可利用害虫的天敌来防治害虫。

(六)由于鼠害造成的损失

老鼠喜食啃咬多种农产品,这会给储存的农产品造成损失。因此,对老鼠要加强预防,全面堵塞,大力捕杀,可以在库内投放安全的鼠药。保持门窗严紧,一切角落墙根可用碎玻璃渣拌水泥白灰抹死。易招鼠咬的货物放在门窗严密、地面坚固的仓库内,应注意老鼠可从仓门进入库房内,要经常检查,发现迹象及时捕捉。仓库内外经常打扫,不留存杂草、包装物、散碎砖块、垃圾等一切杂物,不给它栖身穴居之处。经常检查货场、货台四周各处,若发现有老鼠在库外部货台货栅地面上所挖的洞口,可往鼠洞内灌浇用灭鼠药拌好的食物,然后用水泥白灰泥浆灌注断其出路。凡捕到的活鼠,注意不能用油浇鼠身点火烧它,防止其身着火后猛力挣扎、逃脱,身带火种窜入货垛、仓库或货物之内而引起火灾。

(七)渗漏造成的损失

有些农产品,如食油、蜂蜜等,若包装破损或封闭不严,而使内装的货物漏出,应选用结实不易渗漏的包装盛具盛装并封严出口,同时要勤于检查,及时发现和补救。

(八)由微生物引起的霉变造成的损失

与霉变有关的微生物主要有细菌、酵母菌、霉菌等。只要温、湿度适宜,微生物就会在农产品中吸收蛋白质、脂肪等营养物,迅速繁殖,造成货物的变质或腐烂,失去其使用价值。防止霉变,要控制储存环境的温、湿度,使其适合不同农产品的特性。还可采用化学药剂抑制,要注意使用的化学药剂不会对货物有损害或残留。此外还可采用射线照射等方法杀灭微生物,防止霉变。

五、科学地保管在库货物

(一)确定货物的存放地点

1.严禁危险品和一般货物、毒品和食品混存。性能互有抵触,互相串味的货物不能混存。

2.按货物的体积、重量、保管要求选择存放地点。根据不同货位的光照、通风、温度等条件,选择和货物的储存要求一致的货位,以便进行养护。

3.便于寻找检查,对需要经常检查的货物应存放在方便的货位。避免后进的货物堵塞先进的货物,如存期短的货物被存期长的货物围困,不便提取,以造成过期,影响其使用价值。

4.要便于进行业务操作,要留有充裕的场地,以便运用机械进行货物的搬运、堆垛、上架、卸架。

5.要便于先进先出,存期短的和经常出入库的货物安排在出入方便的货位,存期长的存在离出口较远的货位。重货应离装卸区最近。

(二)实行分区分类、货位编号的管理方法

为了便于有序、合理地使用仓容,科学地养护,需对仓库进行分区。分区是指以库房、货棚、货场为单位,将货物存放的地方划分为若干个子货区,货区的序号,分别按仓库、货棚、货场的排列次序,用阿拉伯数字表示,如1号货区、2号货区、3号货区、4号货区等。

货物分类就是根据货物大类和性能等划分不同类别,分类集中保管。

储存货物的分区分类管理,就是根据各大类货物需要的养护条件和仓容的大小,选择和各大类货物相适应的货区,进行分区分类保管。

储存货物货位编号的管理方法即在分区分类和划好货位的基础上,将存放货物的场所,按储存地点和位置的排列,采用统一标记,编列顺序号码,作出明显标志,以方便仓库作业的管理方法。如果仓库利用计算机系统进行管理,离不开这些基础性的数据。

(三)科学堆码货物

1.堆码的原则

(1)尽可能接近和面向通道。接近通道便于货物的出库、入库,将货物的正面面向通道,以方便查找,提高效率。

(2)充分利用仓容,将货物码高。注意货垛要稳固,以保证货物安全。

(3)适货适位。不同类别的货物分别存放到适宜的地点,便于查找、养护、出入库。

(4)当货物重叠堆码时,上面堆存轻货,下面堆存重货。

2.堆码的方法

科学地堆码货物,是为了维护货物、人身和设备安全,便于仓库作业、点数、质量检查和养护。堆码货物需根据货物的属性、其包装物和仓储设备,选择合理的垛形,以增加仓库单位面积的储存量,提高仓库的利用率,降低成本。货物储存堆码方法有:

(1)散堆法:适用于裸装的大宗货物,如煤炭、矿石、粮食、木材等。此方法方便、简单、经济,便于采用现代化的大型机械设备,节省包装费用。但应注意防雨、排水、苫垫、通风。

(2)货架方式:采用通用或专用的货架进行货物堆码的方式。适合于存放小件、品种规格复杂、数量较少、包装简易或脆弱、易损害不便堆垛的货物。通过货架能够提高仓库的利用率,减少货物存取时的差错。

(3)堆垛式

①直叠式:把货物整整齐齐地从下向上堆垛。特点:件件相叠,层层重叠,每层货物排列数量相同。

②压缝式:堆码长方形包装的货物常采用此方法。特点:层层交叉,货物互相压缝向上堆码。

③缩脚式:先把货物基础按直叠式垫牢,然后逐级把上层货物的堆码逐渐缩小范围。

④成组堆码方式:常用的有托盘、货板和网络等。以托盘为例,即以每个托盘为一个堆码集装单位,用铲车进行作业,将载货托盘运入指定地点,逐个码高,垒成货垛。这种方式可提高仓库利用率,实现货物的安全搬运和堆存,提高效率。

⑤通风式:货物在堆码时,每件相邻的货物之间都留有空隙,以便通风。层与层之间采用压缝式或纵横交叉式。

⑥直立式:货物保持垂直方向码放的方法,如油桶、塑料桶等。

(四)正确地使用苫垫用品

有些需防潮、积水、尘土的货物,在码垛前,在预定的货位地面位置,使用衬垫材料进行铺垫。常用的有枕木、木板、帆布、芦席等,以防止货物受潮、生虫和霉变等事故的发生。

上苫,即采用专用的苫盖物品遮盖货垛,以避免和减少阳光、雨雪、风、灰尘等对货物的侵蚀。可采用活动棚苫盖法、鱼鳞式苫盖法和就垛苫盖法。

常用的苫盖材料有:塑料膜、芦席、帆布、竹席、铁皮、铁瓦等。苫盖时要注意选择无害、防火、防水、牢固、成本低廉的、能重复使用的材料。苫盖材料的接口要有一定宽度的相互重叠,防止积水。此外,苫盖材料要盖牢,以免被风掀开,可用重物压牢或用绳索捆绑。

(五)搞好在库货物的养护

要贯彻"以防为主,防治结合"的方针,及时采取有效的防治措施,维护在库货物绝对安全。其主要措施是:

1.密封

利用密封材料对库房、整垛、整箱、整件进行贴封,以隔绝外界环境不利因素(潮湿)的影响。除防湿外,密封还有防热、防干裂、防溶化,以及防霉、防虫和防老化的作用。密封是仓库温湿度管理的基本条件,没有密封,就无法采用通风、吸湿、提温降温等调控手段。

2.控制库房的温湿度

必须根据不同货物对温湿度的不同要求,随时掌握库房内温湿度变化情况,严格控制库房的温湿度。

(1)温度控制:货物的温度会随天气温度同步变化。货物的温度升高时,有些会融化、膨胀、软化、容易腐烂变质、挥发、老化。温度太低时,会变脆、冻裂、液体冻结膨胀等。对于怕热的货物应存放在仓库内阳光不能直接照射的货位。

对于那些对温度较敏感的货物,可采取一些物理降温法,如通风、洒水、冰块等降温措施。

在气温极低时的寒冷季节,可采用加温设备对货物加温防冻。如:水果、蔬菜、鲜花,采取保暖措施,提高库温可采用暖气、火道、生火炉、红外灯,但需防止火灾发生。

(2)湿度控制:空气湿度是指空气中水蒸气含量的多少。绝对湿度是指空气中含水汽量的绝对数。相对湿度是空气中的含水汽量与相同温度空气能容纳下的最大水汽量的百分比。相对湿度反映同一湿度下空气中的水汽距离饱和水汽量的程度,相对湿度越小,距离饱和湿度越远,表示空气越干燥;相反,相对湿度越大,表明空气越潮湿。

应对仓库进行湿度监测。监测结果如果是湿度太低时,应增加湿度,如采取洒水、喷水等措施。如空气太潮湿时,可进行干燥式通风、制冷除湿。也可在库房内摆放木炭、氯化钙、生石灰、硅胶等吸湿材料。为加速吸收水汽,可配以电扇吹风,但现在广泛采用吸湿剂进行吸湿。

3.保持仓库内外清洁卫生

仓库的清洁卫生是消除引起货物变质、残损的外部条件。肮脏的环境是各种霉腐微生物和害虫孳生、繁殖的温床。要做到彻底消毒灭菌,堵塞洞隙,防虫蚁孳生,杜绝鼠患。要经常打扫、擦拭、除尘等。

4.做好在库商品的检查工作

保管人员要经常检查库存货物的数量、品质;仓储业务部门要结合月、季盘点,进行检查。遇有高温、霉雨、台风、洪涝灾害时要进行突击性检查,作出详细的记录,发现问题,要提出整改措施,由有关人员落实执行。落实人员要边检查、边研究、边处理。

六、出库业务

保管人员接到提货通知时,应检查货物的有关记载资料、原始凭证,核查货物的实际状况是否和资料上反映的相一致,以避免出差错。遵循难养护保管的先出、易坏的先出、先进的先出的原则。

出库前保管人员要整理好出库货物,扫除干净,需要更换包装的要及时更换。若原有的包装标志不清楚、模糊的,要重贴重换。离出口较远的,要提前搬运到备货区,以方便装运。

对于前来提货的人,要认真核实身份,避免冒领、错领。保管人员和提货人员共同检验货物,点数清楚。签发出库单证,交付随货单证和资料,完成货物的交接。出库完成后,应在保管账上核销出库的货物,做到账账、账卡、账货相符。将留存的资料归入货物档案。将空出的货位标注在货位图上。

第三节　农产品运输

一、运输和运输业务

(一)运输

运输即借助运力,使货物在空间上发生较长距离的位移,实现货物从产区向销区的流通。

现实经济生活中,由于各地区的自然禀赋、技术等劳动要素的差异,表现为地区之间的分工,这样有些货物集中生产、分散消费;有些货物分散生产、集中消费。因此,必须通过运输来解决这一矛盾,实现货物的价值,满足消费者的多样化需求。货物运输过程,是生产过程在流通过程中的继续,创造新的价值,故要追加到货物的价值中去。

(二)运输业务

运输业务是在组织货物空间转移的过程中所进行的货物发运、中转、接收等有关活动的总称。

货物运输是一个多工种的联合劳动,涉及的面很广,为了保证货运的质量,必须加强对整个运输环节的协调与管理。

二、农产品运输业务的管理原则

(一)及时

这是货主对运输服务在时间上的要求。运输部门应准点、快速地把货物从产地或供货地运往销地,尽量缩短货物的待运时间和在途时间,以提高企业的效益。

(二)准确

在整个货运过程中,尽最大努力做到不错不乱,手续完整、清楚,防止各种差错、事故,安全、及时地把货物运到目的地。

(三)安全

确保货物在运输过程中的安全。千方百计采取适宜的措施,以预防货物腐烂、变质、货损、货差、丢失、短量、渗漏等事故的发生。确保人身、运输工具和设备的安全性。

(四)经济

争取少花钱,多运货。选择合理的运输路线和运输方式,采用适合货物特点的运输工具,减少不必要的环节,使总体的运费控制在最低的水平,各环节、各部门有机协调,通力合作。

(五)方便

要求做到招之即来,来则能运,运则能达,以满足产销的需要。

三、影响运输的因素

(一)运费

运费是托运人选择运输方式时要重点考虑的一项因素,因为运输直接影响到货物的销售成本,若成本过高,失去竞争优势,影响经营者的经济效益。因此,应综合测算不同运输工具的运费水平的高低,以决定取舍。

(二)运输距离

运输距离即运输里程的长短,是决定运输合理与否的最基本的因素。应避免过远运输、迂回运输,选择最近的运输路线。

(三)运输工具的不同

不同的运输工具具有不同的特点,要根据货物的特性,结合时间、成本、经营的需要,选择合适的运输工具,最大限度地发挥运输工具的特点及优势,满足不同条件下的货运需要。

(四)运输时间

缩短运输时间,加速货物的周转速度,是提高经济效益的一个重要途径。尤其是一些鲜活易腐货物,如蔬菜、鲜花、海鲜等,要采用快捷的运输方式,迅速实现从货物生产领域向消费领域的转移。

(五)运输环节

尽量减少不必要的中间环节,开展直达直线运输。

四、选择合理的运输路线

在综合考虑以上四个方面的因素后,结合自身的情况,选择距离近、速度快、费用低、环节少的运输路线。在几个方面不能兼顾的情况下,分出轻重、缓急,优先考虑重要方面,权衡利弊,作出选择。

五、选择合理的运输方式

(一)直线直达运输

这是最精简的环节,将货物从生产单位直接运到销售单位,选择最短捷的运输路线,使货物运输直线化。

(二)四就直拨运输

四就直拨运输是指就工厂直拨、就车站码头直拨、就仓库直拨、就车船过载直拨。其特点:货物直接从工厂、仓库、车站码头和车船上过载,发往消费地点。实行四就直拨运输,可以越过仓库环节,避免市内重复运输,降低货物损耗和节约流通费用。

(三)合理装车运输

合理装车运输是指将几个货主的不同种货物,配装在一个车厢或一个集装箱内,以整车运输方式,托运到目的地。或者把同一方向、不同到站的零担商品,集中配装在一个车厢内,以整车运输方式,托运到一个适当地点,再中转分运,采用此种方式可以节约运输费用。

(四)多式联运

多式联运指以至少两种不同的运输方式,由多式运输经营人将货物从一国境内接管货物的地点运至另一国境内指定交付货物的地点的一种运输方式。

(五)几种常用的运输方式

1.铁路运输

我国的铁路运输包括国内铁路运输、对外贸易铁路运输(对香港、澳门特别行政区的铁路运输视作对外贸易铁路运输)、国际铁路货物联运。铁路运输具有运量大、安全可靠、运输准确及连续性强等优点。

2.公路运输

公路运输机动灵活、简捷方便,可以深入到公路的各个角落。但公路运输载货有限,运输成本高,运输风险也较大。

3.航空运输

航空运输方式具有交货迅速,包装简化,减少保险和储存费用,保证运输质量且不受地面条件限制等优点,适宜于易腐、鲜活和季节性强的商品运输。

4.海洋运输

海洋运输是利用船舶在海上行驶来运输货物。海洋运输具有运量大、运费低廉、不受道路和轨道限制的优点。

5.内河运输

内河运输是水上运输的一个组成部分,内河运输具有投资少、运量大、成本低的优点。我国有着广阔的内河运输网。

6.邮政运输

邮政运输即付清邮资,把货物交给邮局,取得邮政包裹收据。收件人可凭邮局到件通知向邮局提取货物。手续简便,费用不高,适用重量轻、体积小的货物的传递。

7.国际多式运输

国际多式运输是在集装箱运输的基础上产生和发展起来的一种综合性的连贯运输方式,它一般是以集装箱为媒介,把各种单一的运输方式有机地结合起来,组成一种国际性的连贯运输。此种方式有简化手续、加快货运速度、方便运输费用计算、缩短发货人收回货款时间的优点,而且有助于货运质量的提高。货物的交接也可以做到门到门、门到港站、港站到港站、港站到门等。

(六)合理选择使用运输工具

1.合理选择运输工具

不同的运输工具,具有不同的特点。运输工具要根据不同农产品的特点,不同运程、不同地区的地理与交通条件,按照农产品的数量及其价值的大小、性质特点,运输远近以及市场需求缓急,合理选择使用。

2.提高运输工具的使用效能

在合理选择运输工具的同时,要积极有效地提高运输工具的使用

效能,用同样的运费,装运更多的农产品,节约运力。通常提高运输工具使用效能的方法有以下几种:

(1)提高技术装载量。农产品在车船上配装、积载、堆码的方法和技巧,称为农产品装载技术。运用农产品装载技术,在各种运输工具上所装载的农产品数量,称为技术装载量。提高车船技术装载量常用的方法有:

第一,组织轻重配装。车船装载重载农产品,可以装足重量,但浪费容积;装载轻泡农产品,能装满容积,但浪费吨位。组织轻重配装,就是要达到装满容积,载足吨位。

第二,货物解体装载。在不影响农产品质量的前提下,可将农产品拆解成几个部分,分别包装,然后装运,不但便于装卸,而且可以大大压缩农产品的占用空间,提高运输工具的装载量,从而也减轻运输费用,节约运力。

第三,改进堆码方法。在运输工具上堆码农产品,一要重视采用机械捆包,压缩农产品体积。二要重视农产品包装标准化,以便利堆码。三要重视改变农产品包装形态,以减少包装间的空隙。堆码农产品时,要根据车船类型、农产品性质、包装形状等特点,分别采取压缝堆码、多层装载等堆码形式,做到巧装密摆,码牢装紧,增加车船实载数量。

(2)加速车船运转。要逐步实现装卸机械化,不断提高装卸效率,缩短车船装卸农产品停留时间;要不断改进装卸技术和方法,做到快装快卸,提高装卸工作效率,加速车船运转。

(3)开展捎脚运输。利用未满载的车船或回空运力,在不增加过多停留时间的情况下,见缝插针,捎带顺路货物的一种提高运输工具使用效能的方式。它能够在不增加车船或其他运输设备的情况下,挖掘运输潜力,提高运输工具的使用率,完成更多的货运任务。

第四节　农产品核算与结算

农产品购销具有生产分散、收购集中、季节性强、产品质量等级复杂、损耗较大的特点。因此,对农产品一般采用数量进价金额核算,以数量和金额双重指标来反映和控制农副产品的购进、储存和销售。

一、农产品购销业务的成本核算

(一) 农产品购进的核算

1. 会计核算使用的主要会计科目

(1)商品采购:资产类账户,主要用来核算购入商品的采购成本。借方登记货款已付,商品尚未入库的采购成本;贷方登记商品验收入库的采购成本;期末如有借方余额,表示货款已付,商品尚未入库的在途商品的采购成本。

(2)库存商品:资产类账户,用来核算企业全部库存商品。借方登记商品的购进入库成本,贷方登记因销售、损失的库存减少数,期末余额在借方,表示在库的商品金额。库存商品要根据商品的品种、规格、等级设置明细分类账。

(3)应交税金——应交增值税(进项税额):负债类科目,核算购入农产品时按国家税法规定可以抵扣的进项税额,借方登记已付款的,允许在销售税金中抵扣的数额。

(4)经营费用:损益类账户,用来核算农产品经销过程中在购、销、存各个环节所发生的各项费用,包括进货运杂费、装卸费、整理费、保险费、包装费、仓储保管费、检验费、广告费、商品损耗、展览费及经营人员工资等。借方登记各种费用的增加,贷方登记期末转入本年利润的数额。结转后本科目无余额。

(5)预付账款:资产类科目,用来核算预付生产单位货款时的往来资金。借方登记已经支付给对方的预付款项,贷方登记结算时已收到的货物或收回的预付款,余额在借方表示对方尚欠的预付款。

2. 农产品购进成本、税金的内容

农产品购进时要向农业生产者支付农产品的买价,收购一些特殊的农产品(如烟叶等)还要缴纳农业特产税。按照增值税暂行条例的规定,如果收购单位是小规模纳税人,则这两部分金额合计数都计入购入农产品的成本;如果收购单位是增值税一般纳税人,支付的这两部分金额合计数的87%构成了农产品的成本,记入"库存商品"科目中,另外的13%作为进项税额,记入"应交税金——应交增值税(进项税额)"科目中。

农产品购进时发生的其他费用,如运杂费、装卸费、包装费、保险费等一律记入"经营费用"科目。

3.农产品购进业务的核算

(1)农产品直接购进的核算

①收购大米一批,货款共计23000元,以现金支付

小规模纳税人

借:商品采购　23000

　　贷:现金　23000

一般纳税人

借:商品采购　20010

　　应交税金——应交增值税(进项税额)　2990

　　贷:现金　23000

②大米验收入库,结转采购成本

小规模纳税人

借:库存商品　23000

　　贷:商品采购　23000

一般纳税人

借:库存商品　20010

　　贷:商品采购　20010

③采购过程中发生运杂费共计5000元,以银行存款支付

借:经营费用　5000

　　贷:银行存款　5000

(2)农产品委托代购的核算

农产品委托代购是指作为收购人的农产品经纪人,自己不去收购,而是委托其他企业或其他人收购,支付对方一定比例的代购手续费。收购的农产品的成本和增值税金的财务处理与直接收购农产品一样,支付的代购手续费记入"经营费用"科目。

(3)农产品预购的核算

农产品预购是对于一些销路好、比较紧俏的农产品,为保证收购稳定,控制货源,与农产品生产单位签订合同,发放预购定金,收购时结算的一种收购方式。发放预购定金时,应通过"预付账款"账户进行核算。

(二) 农产品储存的核算

1. 农产品挑选整理核算的原则

(1)在库存商品下设置"挑选整理"专户,专门核算挑选整理中的农产品。

(2)挑选整理中发生的费用,应列入"经营费用"科目核算,不得记入农产品成本。

(3)发生等级、规格、数量的变化,以及正常的损耗,均应调整商品的数量和单价,不变更总金额。

(4)清理过程中发生的事故损失,列入"营业外支出"账户,不得记入商品成本。

2. 活畜禽的储存加工

收购的活畜禽为了集中运输,需要有一段短时间的饲养,在这种储存过程中发生的费用应计入"经营费用"账户中进行核算,对发生的增重和减重的变化,只调整账面数量和单价,不变更金额。

(三) 农产品销售的核算

1. 确认收入实现

一般纳税人(税率13%)

　　借:应收账款

　　　贷:商品销售收入

　　　　　应交税金——应交增值税(销项税额)

小规模纳税人(税率4%)

　　借:应收账款

　　　贷:商品销售收入

　　　　　应交税金——应交增值税

2. 结转成本

　　借:商品销售成本

　　　贷:库存商品

3. 登记费用

　　借:经营费用

　　　贷:现金

二、农产品经营毛利的核算

经营毛利是在商品经营中用取得的销售收入净额减去销售成本和销售税金及附加之后的利润数,是没有扣除费用之前的利润。

农产品经营毛利 = 农产品销售收入净额 - 销售成本
- 销售税金及附加

三、结算知识

(一)现金的结算技能

1.点钞

点钞法可分为手工整点和机器整点两大类。

手工点钞方法很多,日常主要采用以下几种:

(1)手持式单指单张点钞法:这种方法不管钞票新旧大小都适用,是当前应用最为广泛的一种点钞方法。需要经过清点、记数、捆扎三个步骤。

(2)多指多张点钞法:这种方法一次可以清点四张,也是当前一种较为先进的手工点钞方法。

(3)扇面点钞法:这种点钞方法多用于复核。特点是方便、迅速。

2.机器整点

(二)人民币真伪鉴别技术

要对假钞做出迅速而正确的判断和鉴别,一是凭工作中不断积累的识别钞票的经验,二是借助仪器。不论哪种识别方法,都必须对人民币的内涵了解清楚,应熟知人民币的纸张、图案、油墨等特殊工艺,这是反假的基本功。

1.眼看

元以上纸币迎光透视可以看到钞票中的水印,这种水印是造纸时印上的,立体感较强。另外,1990 年版 50 元、100 元钞票均有一条金属安全线。假币水印呆板,无立体感,有的安全线是画上去的,有的则在制造时线条加密而成。

2.手摸

现行人民币元以上券别均采用凹版印刷技术,用手指摸币面主要图案、行名、少数民族文字、盲文等,真币有凹凸感,假币平滑无凹凸感。

3.耳听

钞票用纸是专门制作的,该纸坚韧结实,挺度好,耐折耐磨。拿起纸币一端,轻弹或抖动,能发出清脆的声音。由于假币是普通纸印刷,抖动声混浊不清。

4.笔拓

将待检币平铺于玻璃类光滑平面上,上面覆盖一层薄白纸,用蜡笔或软铅笔在水印、行名、盲文等处轻拓,能拓出图案的为真币,拓不出图案的为假币。

5.放大镜

对于已经流通时间较长,破损比较严重的钞票,单靠手摸眼看很难马上得出结论。此时,就要借助于放大镜,按着人民币的主要特性,仔细核对,认真加以比较,即使是国外流进的机制假币,也不可能和真币完全一样。

6.仪器检验

可使用各类不同功能的"伪币检测仪"检查。将 50 元、100 元券上的黑色图案处(如山石、森林、深色团花等)在鉴别仪特定波长紫外线照射下,1990 年版 50 元、100 元券上表示面额的汉语拼音、阿拉伯数字发射出黄绿色的荧光。

思考题:

1.农产品包装的要求有哪些?

2.农产品储存业务管理的内容是什么?

3.农产品储存期间有哪些易出现的损失?

4.如何科学地保管在库货物?

5.农产品运输业务应遵循哪些管理原则?

6.影响运输的因素有哪些?

7.农产品挑选整理核算的原则是什么?

第九章　农产品经营的发展趋势

第一节　食品安全卫生

"民以食为天,食以安为先"。食品安全是关系国计民生的大事,作为农产品经纪人,自然要懂得食品安全卫生的相关知识。

一、政府主要食品监管职能部门的职责分工

根据浙江省机构编制委员会《关于进一步明确食品安全监管部门职责分工有关问题的通知》(浙编〔2005〕3号)的规定,各主要食品安全监管部门的分工如下:农业、林业、渔业部门根据各自职责负责初级农产品生产环节的监管;质量技监部门负责食品生产加工环节的监管,并划入现由卫生部门承担的食品生产加工环节的卫生监管职责;工商部门负责食品流通环节的监管;卫生部门负责餐饮业和食堂等消费环节的监管;食品药品监管部门负责对食品安全的综合监督、组织协调和依法组织查处重大事故。

在食品生产加工、流通和消费环节:质量技监部门负责食品生产加工环节质量卫生的日常监管,要严格实行生产许可、强制检验等食品质量安全市场准入制度,严厉查处生产、制造不合格食品及其他质量违法行为。

工商部门负责食品流通环节的质量监管,要认真做好食品生产经营企业及个体工商户的登记注册工作,取缔无照生产经营食品行为,加强上市食品质量监督检查,严厉查处销售不合格食品及其他质量违法行为,查处食品虚假广告、商标侵权的违法行为。

卫生部门负责食品流通环节和餐饮业、食堂等消费环节的卫生许

可和卫生监管,负责食品生产加工环节的卫生许可,卫生许可的主要内容是场所的卫生条件、卫生防护和从业人员健康卫生状况的评价与审核,要严厉查处上述范围内的违法行为。

二、食品质量安全市场准入

食品质量安全市场准入证简称"QS",是国家质检总局在 2002 年推出的。根据该项市场准入制度的规定,凡进入该制度范围内的食品生产企业要取得食品生产许可证,并在销售单上贴上 QS(质量安全)标志才允许进入市场销售。"QS"主要包括三项内容:

(一)对食品生产企业实施生产许可证制度

对于保证食品质量安全必备的生产条件、能够保证食品质量安全的企业,发放食品生产许可证,准予生产获证范围内的产品;未取得食品生产许可证的企业不准生产相关食品。这就从生产条件上保证了企业能生产出符合质量安全要求的产品。

(二)对企业生产的食品实施强制检验制度

要求企业必须履行法律义务,未经检验或经检验不合格的食品不准出厂销售。对于不具备自检条件的生产企业必须实施委托检验。这项规定适合我国企业现有的生产条件和管理水平,能有效地把住产品出厂质量安全关。

(三)对实施食品生产许可制度的食品实行质量安全市场准入标识制度

对检验合格的食品要加印(贴)市场准入标志——QS 标志,没有加贴 QS 标志的食品不准出厂销售。这样做,便于广大消费者识别和监督,便于有关行政执法部门监督检查,也有利于促进生产企业提高对食品质量安全的责任感。

自 2002 年 7 月开始,国家质检总局首先在全国对小麦粉、大米、食用植物油、酱油、食醋这五类产品正式实施"QS"市场准入制度。2003年开始对肉制品、乳制品、饮料、调味品(糖和味精)、方便面、饼干、罐头食品、冷冻饮品、膨化食品、速冻米面"新十类"实施食品安全市场准入制度。2005 年开始,启动糖果制品、茶叶、葡萄酒、啤酒、黄酒、酱腌菜、蜜饯、炒货制品、蛋制品、可可制品、焙炒咖啡、水产加工品、淀粉及淀粉制品等13类食品的市场准入制度。

三、食品的卫生

根据《中华人民共和国食品卫生法》的规定,对食品卫生要求如下:

(1)食品应当无毒、无害,符合应当有的营养要求,要有相应的色、香、味等感官性状。

(2)专供婴幼儿的主、辅食品,必须符合国务院卫生行政部门制定的营养、卫生标准。

(3)食品生产经营过程必须符合下列卫生要求:

1)保持内外环境整洁,采取消除苍蝇、老鼠、蟑螂和其他有害昆虫及其孳生条件的措施,与有毒、有害场所保持规定的距离;

2)食品生产经营企业应当有与产品品种、数量相适应的食品原料处理、加工、包装、储存等厂房或者场所;

3)应当有相应的消毒、更衣、盥洗、采光、照明、通风、防腐、防尘、防蝇、防鼠、洗涤、污水排放、存放垃圾和废弃物的设施;

4)设备布局和工艺流程应当合理,防止待加工食品与直接入口食品、原料与成品交叉污染,食品不得接触有毒物、不洁物;

5)餐具、饮具和盛放直接入口食品的容器,使用前必须洗净、消毒,炊具、用具用后必须洗净,保持清洁;

6)储存、运输和装卸食品的容器包装、工具、设备和条件必须安全、无害,保持清洁,防止食品污染;

7)直接入口的食品应当有小包装或者使用无毒、清洁的包装材料;

8)食品生产经营人员应当经常保持个人卫生,生产、销售食品时,必须将手洗净,穿戴清洁的工作衣、帽;销售直接入口食品时,必须使用售货工具;

9)用水必须符合国家规定的城乡生活饮用水卫生标准;

10)使用的洗涤剂、消毒剂应当对人体安全、无害。

(4)禁止生产经营下列食品:

1)腐败变质、油脂酸败、霉变、生虫、污秽不洁、混有异物或者其他感官性状异常,可能对人体健康有害的;

2)含有毒、有害物质或者被有毒、有害物质污染,可能对人体健康有害的;

3)含有致病性寄生虫、微生物的,或者微生物毒素含量超过国家限定标准的;

4)未经兽医卫生检验或者检验不合格的肉类及其制品;

5)病死、毒死或者死因不明的禽、畜、兽、水产动物等及其制品;

6)容器及其他包装污秽不洁、严重破损或者运输工具不洁造成污染的;

7)掺假、掺杂、伪造,影响营养、卫生的;

8)用非食品原料加工的,加入非食品用化学物质的或者将非食品当作食品的;

9)超过保质期限的;

10)为防病等特殊需要,国务院卫生行政部门或者省、自治区、直辖市人民政府专门规定禁止出售的;

11)含有未经国务院卫生行政部门批准使用的添加剂的或者农药残留超过国家规定容许量的;

12)其他不符合食品卫生标准和卫生要求的。

(5)食品不得加入药物,但是按照传统既是食品又是药品的作为原料、调料或者营养强化剂加入的除外。

(6)生产经营和使用食品添加剂,必须符合食品添加剂使用卫生标准和卫生管理办法的规定;不符合卫生标准和卫生管理办法的食品添加剂,不得经营、使用。

若违反《中华人民共和国食品卫生法》规定,生产经营不符合卫生标准的食品,造成食物中毒事故或者其他食源性疾患的,责令停止生产经营,销毁导致食物中毒或者其他食源性疾患的食品,没收违法所得,并处以违法所得一倍以上五倍以下的罚款;没有违法所得的,处以1000元以上5万元以下的罚款。

违反《中华人民共和国食品卫生法》规定,生产经营不符合卫生标准的食品,造成严重食物中毒事故或者其他严重食源性疾患,对人体健康造成严重危害的,或者在生产经营的食品中掺入有毒、有害的非食品原料的,依法追究刑事责任。

四、无公害农产品、绿色食品与有机食品的区别

随着对食品安全的重视，人们在购买食品时也逐渐挑选经过有关部门认定的安全商品。目前市场上的有机食品、绿色食品、无公害农产品等，是由不同部门针对食品安全设置的不同认定标准。有机食品、绿色食品、无公害农产品都是安全食品，安全是这三类食品突出的共性，它们在种植、收获、加工生产、储藏及运输过程中都采用了无污染的工艺技术，实行了从土地到餐桌的全程质量控制。

无公害农产品是指有毒有害物质残留量控制在安全质量允许范围内，经有关部门认定，安全质量指标符合《无公害农产品(食品)标准》的农、牧、渔产品(食用类，不包括深加工的食品)。广义的无公害农产品包括有机农产品、自然食品、生态食品、绿色食品、无污染食品等。这类产品在生产过程中允许限量、限品种、限时间地使用人工合成的安全的化学农药、兽药、肥料、饲料添加剂等，它符合国家食品卫生标准，但比绿色食品标准要宽。无公害农产品是保证人们对食品质量安全最基本的需要，是最基本的市场准入条件，普通食品都应达到这一要求。无公害农产品认证分为产地认定和产品认证。无公害农产品由农业部门认证，其标志的使用期为3年。

绿色食品是遵循可持续发展原则，按照特定生产方式生产，经专门机构认定，许可使用绿色食品标志的无污染的安全、优质、营养类食品。我国的绿色食品分为A级和AA级两种，其中A级绿色食品生产中允许限量使用化学合成生产资料，AA级绿色食品则较为严格地要求在生产过程中不使用化学合成的肥料、农药、兽药、饲料添加剂、食品添加剂和其他有害于环境和健康的物质。按照农业部发布的行业标准，AA级绿色食品等同于有机食品。从本质上讲，绿色食品是从普通食品向有机食品发展的一种过渡性产品。绿色食品标志的使用期为3年。

有机食品是指来自于有机农业生产体系，根据国际有机农业生产要求和相应的标准生产加工的，并通过独立的有机食品认证机构认证的农副产品，包括粮食、蔬菜、水果、奶制品、禽畜产品、蜂蜜、水产品、调料等。有机食品与其他食品的区别主要有三个方面：有机食品在生产加工过程中绝对禁止使用农药、化肥、激素等人工合成物质，并且不允

许使用基因工程技术;其他食品则允许有限使用这些物质,并且不禁止使用基因工程技术,如绿色食品对基因工程技术和辐射技术的使用就未作规定。有机食品在土地生产转型方面有严格规定。考虑到某些物质在环境中会残留相当一段时间,土地从生产其他食品到生产有机食品和无公害食品需要两到三年的转换期,而生产绿色食品和无公害食品则没有转换期的要求;有机食品在数量上进行严格控制,要求定地块、定产量,生产其他食品没有如此严格的要求。

第二节　农产品的品牌经营

随着人们健康消费观念的增强,品牌农产品以鲜明的形象和绿色的品质,越来越受到市场的欢迎,近年来品牌经营已成为各地发展农业的热点。

农产品的品牌经营,多层次提升农产品价值,已开始成为我国农业产业化升级的新引擎。农产品的品牌经营发展空间巨大,原因有:

(1)品牌农产品经过近年的发展,初步形成了以"技术标准为基础、质量认证为形式、商标管理为手段"的制度框架体系。

(2)品牌农产品企业注重发展高附加值的深度开发,绿色食品加工业发展迅速,经深加工的绿色食品比例增幅较大。目前在我国已开发的品牌农产品的 1360 个绿色食品中,初级产品仅占 25%,而深加工产品却达到 75%。

(3)品牌农产品的市场覆盖面正日益扩大。北京、上海、天津、哈尔滨、南京、西安、深圳等国内大中城市相继组建了品牌农产品绿色食品专业营销网点和流通渠道。

(4)品牌农产品还展示了广阔的出口前景。有相当一部分品牌经营农产品已成功地进入了日本、美国、欧洲、中东等国家和地区的市场。

(5)目前农产品消费已进入讲营养、讲安全的新阶段,若创不出消费者认可的品牌,产品和企业生存发展的空间将越来越小。

一、农产品品牌的基本功能

农产品品牌的基本功能从两个方面得以体现,一方面是对农产品

生产者和经营者的基本功能,另一方面是对市场、对消费者的基本功能。具体表现如下:

(一) 表彰农产品来源的功能

对农产品生产者和经营者来说,品牌的首要功能是表彰该产品系自己所生产、加工或经营的。因此,农产品生产者或经营者总是反复推敲、精心选择专有名词、形容词、造意词,响亮的、琅琅上口的发音,从人们所熟知的象征图形或者寓意图案,或者文字与图形的组合等,为自己生产或经营的农产品命名,赋予其情感含义,以便于消费者记忆商品,以树立起良好的形象。

(二)区别农产品出处的功能

品牌能够在不同的商品生产者或经营者所生产或经营的同一或类似商品之间制造差别,便于消费者区分商品的生产厂家和经营单位。同一商品有众多的生产厂家,其商品的内在质量、外在形式、功能等都相差无几,如牛奶,就有"伊利"、"蒙牛"、"光明"、"李子园"、"完达山"等众多品牌,消费者已无法分辨它们的品质,唯一的基本差别在于它们的品牌不同。

(三)表明农产品质量的功能

品牌标志着农产品较高的质量水平,消费者则希望通过品牌寻找农产品的稳定质量。品牌有时被人当成是农产品的一种信用担保。因此品牌表明了农产品质量的功能,一方面在于消费者所要购买的实质性东西,它与一般商品有所不同;另一方面在于农产品质量的一贯稳定性。

(四)宣传农产品的功能

品牌是最好的广告宣传方式。品牌的宣传功能可以从两个方面表现出来:一方面通过消费者使用带有品牌的农产品,使他们把对农产品质量等方面的良好印象集中在品牌上,并通过品牌把这种印象传递给其他消费者;另一方面,在各种广告宣传和推销活动中,品牌是广告宣传的核心。

(五)品牌农产品的增值功能

品牌不仅有价值,而且可以带来本身以外的价值,它能够增加财富。

因为具有高知名度品牌的产品在市场上异常走俏,高知名度品牌的产品能够满足消费者心理和生理多方面的需求,迎合了人们的求名偏好。

二、品牌与品牌形象的内涵

(一)品牌的概念

品牌,俗称牌子或厂牌。美国市场营销协会(AMA)对品牌的定义是:品牌是一个名称、术语、符号或图案设计,或者是它们的不同组合,用以识别某个企业的产品或劳务,使之与竞争对手的产品或劳务相区别。品牌是一个笼统的总名词,它包括品牌名称、品牌标识、商标等。

品牌名称,是指品牌中可以用语言称呼表达的部分,如蒙牛、伊利、李子园等。

品牌标识,是指品牌中可以识别但不能直接用语言表达的部分,常常用一些图形、符号、色彩等特殊的设计来表示。

商标,是指经过向政府有关部门注册登记并受到法律保护的品牌。

(二)品牌形象

品牌与其说是市场营销学意义中的实体性的名称、符号、设计,毋宁说是一种心理上的存在,是附加了消费者心理感觉、印象和情绪的品牌,即品牌形象。品牌形象有四个层面:第一层面:品牌的名称和标识的知名度。第二层面:品牌品质的认知度,即好、差、高、低。第三层面:品牌联想:受众一想到品牌便会联想到相应的东西,反之亦然。第四层面:品牌忠诚度。

三、品牌设计的基本要求

(1)品牌设计应力求文字简明,易于辨认、拼写和记忆。

(2)品牌设计应新颖别致,特色鲜明。

(3)品牌设计要符合传统习俗,并且与目标市场的文化背景相适应。

(4)品牌设计要适合消费者的心理需要,适应消费者对该产品的喜好和偏好。

(5)使人联想到产品的利益与众不同或标新立异。

(6)品牌设计应遵循国家有关法律,切忌雷同于他人品牌。

四、品牌策略

(一)品牌化策略

品牌化策略要回答的首要问题是,企业要不要给产品建立一个品牌。随着现代市场经济的高度发展,品牌化已成为一种趋势,品牌化几乎统治了所有的产品,尽管如此,仍有少量产品不使用品牌。在以下情况下可以考虑不使用品牌:

(1)大多数未经加工的原料产品,如棉花、大豆,无需用品牌;

(2)不会因生产商不同而形成不同特色的商品,如钢材、煤炭等;

(3)消费者已习惯不用品牌的商品,如大米、面粉、食油等;

(4)某些生产比较简单、选择性不大的小商品。

无品牌营销者的目的是为了节约广告和包装费用,以降低成本和售价,加强竞争,吸引低收入购买者。

(二)品牌归属策略

品牌归属策略即品牌所有权归谁,由谁管理和负责。品牌归属有三种选择:使用制造商的品牌、使用中间商的品牌、制造商和中间商品牌混合使用。

工商企业究竟是使用制造商品牌还是经销商品牌,必须全面地权衡利弊,以作出决策。在制造商具有良好市场声誉、拥有较大市场份额的条件下,多使用制造商品牌。相反,在制造商资金能力薄弱,市场营销力量相对不足的情况下,可以使用经销商品牌。尤其是那些新进入市场的中小企业,无力在自己的品牌下将产品打入市场,往往借助于中间商品牌。

(三)统一品牌策略和个别品牌决策

这是生产者选择品牌名称的决策,即企业所生产的不同种类、规格、质量的产品分别使用不同的品牌名称,还是全部用一个品牌名称。有四种选择:

(1)个别品牌名称,即企业的每一种产品分别使用不同的品牌名称。这种品牌策略有以下好处:企业不会因某一品牌信誉下降而承担较大的风险;个别品牌为新产品寻求最佳品牌提供了条件,有利于新产品和优质产品的推广;新产品在市场上销路不畅时,不致影响原有品牌的信誉;可以发展多种产品线和产品项目,开拓更广泛的市场。个别品牌策略的最大缺点是加大了产品的促销费用,使企业在竞争中处于不利地位。同时,品牌过于繁多,也不利于企业创立品牌。

(2)统一的家庭品牌名称,即企业将所生产的全部产品都用统一的品牌。例如,"伊利"系列牛奶。单一的家庭品牌一般运用在价格和目标市场大致相同的产品上。运用家庭品牌的主要优点是:建立一个厂牌信誉,可以带动许多产品,并可以显示企业的实力,提高企业的威望,在消费者心目中更好地树立企业形象,有助于新产品进入目标市场,因为已有的品牌信誉,有利于解除顾客对于新产品的不信任感;可以运用各种广告媒体,集中宣传一个品牌形象,节约广告费用,收到更大的推销效果;在统一品牌下的各种产品可以互相声援,扩大销售。但企业采用统一品牌是有条件的,第一,这种品牌必须在市场上已获得了一定的信誉;第二,采用统一品牌的各种产品应具有相同的质量水平。如果各类产品的质量水平不同,使用统一品牌就会影响品牌信誉,特别是有损于较高质量产品的信誉。

(3)分类家庭品牌名称,即各条产品线分别采用统一品牌名称。分类家庭品牌名称可以把需求具有显著差异的产品区别开来(如化妆品和农药),以免相互混淆,造成误解。

(4)企业名称与个别品牌并用,即在每种个别品牌前冠以公司名称。采用这种策略的好处是可以使新产品享受企业的声誉,节省广告促销费用,又可以使各品牌保持自己的特点和相对独立性。

(四)品牌扩展策略

品牌扩展指企业利用已有的品牌推出改进型产品或全新产品。品牌扩展决策也包括推出新的包装规格、新的口味及新的款式等。品牌扩展可分为生产企业节省广告促销费用,使市场能够迅速识别接受新产品,但如果新产品不能令人满意,则会影响品牌声誉。

(五)多品牌策略

实行多品牌决策的企业在同一种产品上设立两个或两个以上相互竞争的品牌。多品牌会影响原有单一品牌的销售量,但几个竞争品牌的销量之和又会超过单一品牌的市场销量。

(六)品牌再定位策略

即全部或局部调整或改变品牌在市场上的最初定位。再定位的原因有很多,例如,需求情况发生了变化,或竞争者推出某一新品牌,使该产品市场份额下降等,企业都需要及时调整其产品定位。再定位的目的是使现有产品具有跟竞争者产品不同的特点,跟竞争品拉开市场距离。

第三节 电子商务

一、电子商务概念及交易过程

所谓电子商务(Electronic Commerce),是指利用计算机技术、网络技术和远程通信技术,实现整个商务(买卖)过程的电子化、数字化和网络化。人们不再是面对面地、看着实实在在的货物、靠纸质单据(包括现金)进行买卖交易,而是通过网络,通过网上琳琅满目的商品信息、完善的物流配送系统和方便安全的资金结算系统进行交易(买卖)。

事实上,整个交易的过程可以分为三个阶段:

第一个阶段是信息交流阶段。对于商家来说,此阶段为发布信息阶段。主要是选择自己的优秀商品,精心组织自己的商品信息,建立自己的网页,然后加入名气较大、影响力较强、点击率较高的著名网站中,让尽可能多的人们了解你、认识你。对于买方来说,此阶段是去网上寻找商品信息的阶段,主要是根据自己的需要,上网查找自己所需的信息和商品,并选择信誉好、服务好、价格低廉的商家。

第二阶段是签订商品合同阶段。对于B2B(商家对商家)来说,这一阶段是签订合同、完成必需的商贸票据的交换过程。要注意的是数据的准确性、可靠性、不可更改性等复杂的问题。对于B2C(商家对个人客户)来说,这一阶段是完成购物过程的订单签订过程,顾客要将你选好的商品、自己的联系信息、送货的方式、付款的方法等在网上签好后提交给商家,商家在收到订单后应发来邮件或电话核实上述内容。

第三阶段是按照合同进行商品交接、资金结算阶段。这一阶段是整个商品交易很关键的阶段,不仅要涉及资金在网上的正确、安全到位,同时也要涉及到商品配送的准确、按时到位。在这个阶段有银行业、配送系统的介入,在技术上、法律上、标准上等等方面有更高的要求。网上交易的成功与否就在这个阶段。

二、上网操作的基本知识

我们要知道以下一些最基础的上网知识:

(一)现实生活中上网具体能做些什么?

(1)搜索信息、资料。

(2)网上学习、网络学校。

(3)下载软件、音乐、资料。

(4)申请电子信箱,收发电子邮件。

(5)刊登个人信息,发布广告。

(6)聊天、可视对话、可视会议。

(7)论坛(交流、解决问题)。

(8)娱乐、网上看电影、电视、玩游戏。

(9)网上购物。

(二)Internet 是什么? 由什么组成?

全世界无数台电脑及终端依靠通讯线路、通讯设备组成庞大的计算机网络被称为 Internet(互联网)。按地理范围不同,计算机网络可分为:局域网、城域网、广域网,它们互相连在一起就组成 Internet。

局域网:在 10 千米以内的网络(LAN)。

城域网:在一个城市内的网络(MAN)。

广域网:由多个城域网组成的网络,范围很广(WAN)。

(三)上网需要什么硬件、软件?

硬件:一台具有基本配置的电脑、电话线、调制解调器或网卡。

软件:操作系统、IE 浏览器、TCP/IP 协议、账号。

申请电话线上网业务(普通拨号、ISDN、ADSL)。

(四)目前上网有哪些方式?

用调制解调器(直接拨号上网):网速为 56K。

ISDN(需申请):网速为 64K + 64K。

ADSL、VDSL、网通、有线宽带(需申请):最低为500K。

(五)上网的有关费用

普通电话线上网:通话费:0.02元/分钟;上网费:计时或包月。

ISDN(一线通):通话费:0.02元/分钟;上网费:计时或包月。

ADSL、网通、有线宽带:通话费:无;上网费:计时或包月。

(六)上网具体步骤

(1)创建连接(只须一次);

(2)拨号;

(3)打开IE浏览器;

(4)输入网址;

(5)浏览、查找信息。

(七)上网常用术语

• TCP/IP协议:TCP/IP是网络使用的基本通讯协议。

• IP地址:IP地址是用来确定网络上每台计算机的具体位置(每个计算机有一个唯一的IP地址),如:192.168.0.1。

• 网址:IP地址由数字组成,如:192.168.0.1。由于用文字IP地址不方便记忆,为了方便记忆每个IP地址又都有一个对应的英文字母名称,这个英文字母名称被称为网址,如:www.cctv.com.cn(中央电视台网址)。

• 搜索引擎:搜索信息、资料的一种工具,如谷歌搜索引擎:www.google.com,中文百度搜索引擎:www.baidu.com。

• 搜索下载:就是把网络上的信息或资料复制到计算机上。

• 上传:就是利用工具把资料或信息传输到网络上。

• 网页:网站上的内容是按一页、一页组成的,网站中的每一页称为网页。

• 超级链接:是指网页上某些单词、词组、符号或者图像等元素,与另一个网页、图像、E-mail地址、Office文档、书签甚至一个程序等之间的链接。

• 防火墙:防止黑客和病毒侵入的一种软件。

• 电子邮件:网络上的信件(通过网络收发)。

- 电子信箱:网络上的邮箱(在网络服务器上),如:xiaoyu@sina.com。
- 网卡:是一种卡片,上面有上网的账号和密码。
- 黑客:具有硬件和软件的高级知识,并有能力通过创新的方法剖析系统。"黑客"能使更多的网络趋于完善和安全,他们以保护网络为目的,而以不正当侵入为手段找出网络漏洞。
- 骇客:是那些利用网络漏洞破坏网络的人。他们往往做一些重复的工作(如用暴力法破解口令),他们也具备广泛的电脑知识,但与黑客不同的是他们以破坏为目的。
- HTTP:一种超级文本传输协议。
- FTP:文件传输协议。
- BBS:电子公告牌。
- QQ:专业的聊天软件。
- QQ 号:QQ 聊天的账号。

(八)上网的有关工具

- 下载工具:网络蚂蚁(Netant)、迅雷(Thunder)、BT 下载(Bit Torrent)。
- 杀毒与防火墙:KV3000、瑞星、金山毒霸、天网防火墙。
- 播放器:realplayer、Windows 媒体播放器、金山影霸、超级解霸。
- 邮件处理工具:foxmail、outlook。
- 聊天工具:腾讯 QQ、MSN。
- 聊天网址:如:chat.netch.com。
- 上传工具:FTP。
- 图像处理工具:Acdsee。
- 服务器和网关软件:Wingate、Seagate。

(九)上网实习的具体练习

(1)学习上网具体步骤。

(2)根据自己的需要和爱好输入网址,浏览网络信息。

(3)学习利用搜索引擎网站查找自己需要的东西。

(4)申请电子信箱,收发电子邮件。

(5)学习下载网页、软件、驱动、音乐。

(6)网络聊天。

(7)学习使用电子论坛,解决实际问题。

(8)网上购物。

(9)网络游戏。

(10)清除上网历史记录。

三、农民信箱的使用

浙江农民信箱网址:http://www.zjnm.cn,网络实名和通用网址为:农民信箱。

连接因特网,启动浏览器,在地址栏中输入浙江农民信箱网址,或直接输入网络实名、通用网址。进入后可将地址添加到收藏夹,也可下载客户端,便于下次使用。初次使用时,输入初始用户名和初始密码(初始用户名和初始密码在申请农民信箱时告知),登录后,立即修改初始用户名和初始密码,即正式启用浙江农民信箱。修改后的用户名和密码将作为今后登录农民信箱的用户名和密码,要妥善保管。农民信箱现有以下功能:

(一)个人信件

1.写信

(1)点击写信,在"收件人"处点击"选择收件人",页面跳出用户选择对话框,选择要发送的对象,点击单位前的文件夹图标,展开各单位的人员,选择具体要发送的人,点击"添加",选中的人就会出现在右边的方框内,同一单位的人可多次选中"添加"或双击鼠标左键,如同时还要再发送给其他单位的人,点击此人单位前的文件夹,选中要发送的对象,点击"添加"。如果直接选择单位文件夹意为发送给此单位的所有人,如果选错了人,在右边框中选中选错的人,点击删除。选择完发送人后(普通用户,一次发信限于5封以内),按"确定"。选中的人会出现在收件人方框内。

选择收件人的第二种方法是,如果不知对方在什么地区,需要向某一类人员发信,可以通过搜索。点击"选择收件人"后,在用户选择-网页对话框中,在"按地区浏览"项中选择搜索的地区范围,如在浙江省范围就点击"浙江省",再选择"按类别搜索",在"类别"处通过下拉菜单选择具体的类别,点击不同的类别会出现不同的具体子项,在相应的子项中选择你要搜索的具体项目;也可以在"关键字"处输入关键字,多个关键字间可用"＋"相连。点击"开始搜索"进行搜索,根据搜索的结果,选中具体的联系人,逐个选择添加或整页添加,添加到右边的方框内,选完所有人后按"确定"。选中的人会出现在收件人方框内。

选择收件人的第三种方法是,点击"通讯录",将添加在通讯录中的人员选中添加到右边框,选完后按"确定"。

(2)在主题栏中写上要发送的主题,也可通过点击《"农民信箱"写信常用语》,复制合适的句子,粘贴到主题栏。

在主题框下方的附件框中,可以加入附件,现一次发信附件最多能有 3 个,单个附件最大容量为 4 兆。添加第一个附件的方法为点击附件框右边的浏览,在本地机器上找到相应的文件双击,文件名会跳到附件框中。若还要添加第二个附件,点击附件框下方的"增加附件"按钮,页面会出现另一个输入框,点击框右边的"浏览"加入第二个附件。如还有第三个附件,同上操作。

在下面的大方框内,写上具体内容,也可点击《"农民信箱"写信常用语》,复制合适的句子,进行粘贴(复制可按 ctrl＋c,粘贴按 ctrl＋v)。

(3)发送信件的方式有三种,一是在完成上述步骤后,直接按"马上发送";二是如果此信要同时发送到用户的手机上,在"是否同时发送手机"前打勾;三是此信只发送到手机上,在"只发送短信"前打勾。

注:发送手机短信内容即为标题栏内容,标题栏字数最好在 50 个汉字以内,超过按 2 条发,信件正文不能作为手机短信发送。

(4)点击"马上发送"或"发送并保存",进行发送。

点击"马上发送"的信件不会在"已发信"中保留;点击"发送并保存"的信件会在"已发信"中保留。点击"放弃"即取消此次操作,页面将弹回初始看信状态。

2. 看信

在"个人信件"功能区,点击"看信"按钮,系统会显示当前用户的所有信件。点击你要看的信件标题,即可打开该信件,阅读具体内容,也可对信件进行回复、转发、另存、打印等操作。在转发时,若此信带有附件,现要连同附件一起转发,就点击"增加附件"下方的"原附件"前的小框,页面会刷新一下,附件自动加入,会与信一起转发给对方。对不需要的信件可以在信前的小框内打勾,然后点击"删除"按钮,予以删除,也可以一次选中多个要删除的信件,集中删除。

3.查看已发信件

点击"已发信"按钮,在此保存了发信时选择"发送并保存"方式发信的信件。

4.查看已打上删除记号的信件

点击"已删除信件"按钮,在此保存在看信状态下选中并删除的信件。在看信状态下的删除操作,并不是真正从你的信箱中删除,如要真正删除,在"已删除信件"中将不要的信件选中删除,如全不要,可按"清空"。

5.通讯录功能

通讯录功能可将平时联系比较多的人,放在通讯录内,便于发信。

建立通讯录的方法如下:

(1)点击"联系组",在"输入新建组名"处输入组的名称,点击"确定"。

(2)点击"联系人",再点击"添加新联系人",在搜索页面中选择搜索的地区,选择类别,也可以直接输入姓名进行搜索,根据搜索结果,在姓名前的小方框内打勾,在页面右下方的"请选择分组"中选好组名,点击"将选中的联系人添加到指定分组",页面会弹出"确定添加所选的联系人",点击"确定",将选中的人加入到组中。

添加通讯录组中人员的第二种方法是在收到他来信时,在"发送人"处选第一个红色字的"添加到通讯录",将此人加入到相应的组中,在这里要选择好页面下方的"所属组",然后按"确定"。

(二)"公共信息"功能的使用

公共信息的栏目有政策信息、最新农情、气象消息、市场行情、系统公告,点击相应的栏目查看相关内容。

(三)"买进卖出信息"功能的使用

1.发布买进信息

进入"买进卖出信息"栏目,点击"发送买进信息",输入"主题",选择"品种类别",在正文区输入具体内容(买的时间、品种、数量、价格等,地址、联系电话等),最后点击"马上发送",系统提示"买卖信息成功发送!"。

2.发布卖出信息

进入"买进卖出信息"功能区后,点击"发送卖出信息",输入"主题"，选择"品种类别"，在正文区输入具体内容(卖的时间、品种、数量、价格等，地址、联系电话等)，最后点击"马上发送"，系统提示"买卖信息成功发送！"。

3. 查看买进卖出信息

在点击"查看买进信息"或"查看卖出信息"，看所有的买进卖出信息，排在首行的是最新发布的买进卖出信息。

4. 搜索买进卖出信息

在大量的买卖信息中，可通过"按地区浏览"、"按类别搜索"和按关键字搜索三种方式进行检索，较快地找到自己所需要的信息。

注：发布买进、卖出信息后要等待系统管理员审核后才会在前台页面出现。

(四)农业信息资源集成

"农业信息资源集成"是一个农业信息资源服务平台，集成了国内外农业技术、市场信息、农业企业相关的网站网页和浙江省农技人员相关信息。你可以通过按地区分类查找到浙江省内某一市、县、乡镇及全国兄弟省市、国家部委、国外的有关信息，也可以通过按产业分类查找到农业有关信息。

1. 查找农业技术网站网页

查找市场信息网站网页与查找农业企业网站网页的使用方法相同，以查找农业技术网站网页为例说明。

点击"查找农业技术网站网页"栏目，出现"按地区分类查找网站网页"、"按产业分类查找网站网页"、"搜索"和"导读"。

(1)点击"按地区分类查找网站网页"，出现省本级、各市、部委、兄弟省市地区列表，点击省本级、部委、兄弟省市直接查看所属地区的农业技术相关网页、网站。点击省内 11 个市，出现市属各县(市、区)名称及县(市、区)前三条信息，点击相应的县(市、区)出现所属的乡镇及各乡镇的前两条信息。点击具体的信息可直接浏览相关网页、网站。

(2)点击"按产业分类查找网站网页"，出现各大产业及产业下的部分最新网页、网站。点击具体的产业出现下属产业及此产业下的相关网页、网站。产业可层层下点，点击具体的网页、网站的名称，可浏览此网页、网站。

（3）搜索：输入要搜索的内容，如"水稻"，按"确定"，会出现本栏目中所有有关水稻的网页、网站。

在"按地区分类查找网站网页"和"按产业分类查找网站网页"中都有一项搜索条，只要输入"关键字"，可实现本集成系统、雅虎、百度或google中的搜索。

（4）导读：是栏目中最新的被推荐的网页、网站名称及简要介绍，可直接点击，浏览具体的网页、网站。

2.查找农技人员相关信息

点击"查找农技人员相关信息"，出现"按地区分类查找农技人员"，"按行业分类查找农技人员"。点击"按地区分类查找农技人员"出现省本级、市，点击"市"出现市本级及所属县，点击"县"出现县本级及所属乡镇，点击"乡镇"出现具体农技人员，点击"具体农技人员"查看农技人员信息。

点击"按行业分类查找农技人员"，出现农、林、水、综合、其他行业，点击"具体行业分类"出现具体农技人员，点击"具体农技人员"查看农技人员信息。

下面是一些与农产品经营相关的网页、网址，供大家在工作中参考使用：

（1）农产品经纪人网，http://www.ncpjjren.com

（2）浙江农民信箱，http://www.zjnm.cn

（3）浙江农产品网，http://www.zjagri.cn

（4）浙江农业信息网，http://www.zjagri.gov.cn

（5）浙江农产品商务网，http://www.zjns.cn

（6）浙江农民信箱网，http://www.zjnm.cn

（7）中国蔬菜网，http://www.vegnet.com.cn

（8）中华特产网，http://www.csn.com.cn

（9）中国特色水果网，http://www.tsfruit.com

（10）中农网，http://www.ap88.com

（11）中国食品采购网，http://www.food12345.com

（12）农博网，http://www.aweb.com.cn

（13）中国农产品供求信息网，http://www.agrisd.gov.cn

（14）科技助农"直通车"-农产品专家在线，http://www.csaic.com

附：浙江省主要农产品介绍

浙江省素有"鱼米之乡，丝绸之府，文物之邦，旅游之地"之美称，地处我国东南沿海，位于太湖之南，东海之滨，大陆海岸线 1840 公里。境内有一条最大的河流——钱塘江，因江河曲折，故称浙江。浙江是一个农、林、牧、渔各业全面发展的综合性农业区域。谷物生产以水稻为主，其次是麦类、玉米等，经济作物主要有蚕桑、茶叶、柑橘、棉花、果蔗、油菜、蔬菜、食用菌等。茶叶的产量、出口量均居全国首位，蚕茧产量居全国第三，柑橘产量居全国第四，是全国生猪的重点生产基地，水产品是全国三大淡水鱼产地之一。下面我们对浙江主要农产品作简要介绍，供农产品经纪人在学习和工作中参考。

一、蔬菜

蔬菜中的纤维素，以及维生素 C、钙、磷、镁含量丰富。蔬菜是人体维持生命和生长的主要营养来源。我省自然条件优越，蔬菜品种资源丰富，常年种植蔬菜种类达 50 余种。

从安全蔬菜的级别来讲，由低到高分别是放心蔬菜、无公害蔬菜、绿色蔬菜、有机蔬菜。目前，国内的绿色蔬菜主要指放心蔬菜和无公害蔬菜，还难以达到真正的绿色级别。无公害蔬菜的理化指标必须达到国家标准(GB 18406)，即《农产品安全质量　无公害蔬菜安全要求》。

1. 茭白等级规格(NY/T 835—2004)

等级	指　　标	限　　度
一级	1.同一品种纯度不低于 97% 2.平均单个净茭质量秋茭不低于 90g，夏茭不低于 70g 3.整齐度不低于 90% 4.壳茭整修符合要求 5.新鲜、清洁、无机械伤害、无病虫害 6.净茭表皮光洁，呈白色 7.净茭横切面无肉眼可观察到的黑色小点	1、2、3 项应符合规定，4、5、6、7 项不合格率之和不超过 5%，且任何一单项指标不合格率不超过 2%

续表

等级	指　标	限　度
二级	1.同一品种纯度不低于 95% 2.平均单个净荸质量秋荸不低于 80g、夏荸不低于 60g 3.整齐度不低于 90% 4.壳荸整修符合要求 5.新鲜、清洁、无机械伤害、无病虫害 6.净荸表皮光洁,呈白色、黄白色或淡绿色 7.净荸横切面无肉眼可观察到的黑点数不超过 10 个	1、2、3 项应符合规定, 4、5、6、7 项不合格率 之和不超过 8%,且任 何一单项指标不合格 率不超过 3%
三级	1.同一品种纯度不低于 93% 2.平均单个净荸质量秋荸不低于 70g、夏荸不低于 50g 3.整齐度不低于 90% 4.壳荸整修符合要求 5.新鲜、清洁、无机械伤害、无病虫害 6.净荸表皮光洁,呈白色、黄白色或淡绿色 7.净荸横切面无肉眼可观察到的黑点数不超过 15 个	1、2、3 项应符合规定, 4、5、6、7 项不合格率 之和不超过 10%,且 任何一单项指标不合 格率不超过 3%

注:产品等级按照就低不就高的原则确定。

2.番茄等级规格(NY/T 940—2006)

等级	要　求
特级	外观一致,果形圆润无筋棱(具棱品种除外);成熟适度、一致;色泽均匀;表皮光洁,果腔充实,果实坚实,富有弹性;无损伤、无裂口、无疤痕
一级	外观基本一致,果形基本圆润,稍有变形;已成熟或稍欠成熟,成熟度基本一致;色泽较均匀;表皮有轻微的缺陷,果腔充实,果实坚实,富有弹性;无损伤、无裂口、无疤痕
二级	外观基本一致,果形基本圆润,稍有变形;已成熟或稍欠成熟,成熟度基本一致;色泽较均匀;果腔充实,果实较坚实,弹性稍差;有轻微损伤、无裂口,果实有轻微的疤痕,但果实商品性未受影响

3.青花菜等级规格(NY/T 941—2006)

等级	要　求
特级	外观一致;花球圆整、完好;花球紧实,不松散;色泽浓绿、一致;花蕾细小、紧实、未开放;花茎鲜嫩,分枝花茎短;无机械损伤
一级	外观基本一致;花球较圆整、完好;花球尚紧实,不松散;色泽浓绿、基本一致;花蕾较紧实、未开放;花茎鲜嫩,分枝花茎短;允许有机械损伤,但不明显
二级	外观基本一致;花球完好;花球略显松散;色泽略显黄绿或有少量异色花蕾;花蕾较少量开放;花茎较嫩,分枝花茎较长;允许有机械损伤,但不严重

4.榨菜等级规格(GB 6094—85)

项目	一级	二级	三级
块形	菜块呈圆形或椭圆形,无畸形菜,不带短茎和苔茎;切块菜为肥大茎的肉瘤部分	菜块呈椭圆形,允许有瘤长形菜,但不得超过20%,不带短茎;切块菜为肥大茎的上中部	菜块呈长圆形,允许有瘤长形菜,但不得超过50%,不带短茎;切块菜为肥大茎的中下部
块重	40~100g。块重超过100g的大块不得超过10%,不足40g的小块不得超过2%	30~100g。块重超过100g的大块不得超过10%,不足30g的小块不得超过2%	20~100g。块重超过100g的大块不得超过10%,不足20g的小块不得超过2%
色泽	菜块表面光洁,有皱纹,配料分布均匀,无菜耳、飞皮、黑斑,不得有烂点	菜块表面光滑,有皱纹,配料分布均匀,无影响外观的菜耳、飞皮、黑斑,不得有烂点	菜块表面有皱纹,配料分布均匀,无影响外观的菜耳、飞皮、黑斑,不得有烂点
肉质	菜块肉质肥厚,撕开内部显丝纹,只允许轻微的白空心菜,无老筋,不得有硬壳菜,不符合上述规定的菜块不得超过5%	菜块肉质丰满,撕开内部显丝纹,允许有不严重黄空心菜,无老筋,不得有硬壳菜,不符合上述规定的菜块不得超过5%	菜块肉质显丝纹,无老筋,不得有硬壳菜,不符合上述规定的菜块不得超过5%

5.白菜类蔬菜等级规格(NY 5003—2001)

项目	品质	规格	限度
品种	同一品种	规格用整齐度来表示,同规格的样品整齐度应≥90%	每批样品中不符合感官要求的按质量计,总合格率不得超过5%
新鲜	叶片色泽明亮,水分适宜而没有萎蔫		
清洁	菜体表面没有泥土、灰尘及其他污染		
烧心	无		
裂球	无(大白菜)		
腐烂	无		
异味	无		
冻害	无		
病虫害	无		
机械伤	无		

注:烧心、腐烂、病虫害为主要缺陷。

6.黄瓜(NY/T 269—1995)

品 质	规 格	限 度
同一品种,成熟适度,新鲜脆嫩,果型、果色良好,清洁;无腐烂、畸形、异味、冷害、冻害、病虫害及机械伤	大:单果重≥200g 中:单果重≥160g 小:单果重≥150g	每批样品不符合品质要求的按重量计不得超过5%,其中腐烂、异味、病虫害者不得检出,不符合该重量规格的不得超过10%

7.茄子(中华人民共和国农业行业标准NY/T 581—2002)

项　目		等　级		
		一等品	二等品	三等品
品质要求	品种	同一品种	同一品种	同一品种或相似品种
	成熟度	种子未完全形成	种子已形成,但不坚硬	种子已形成,但不坚硬
	色泽	具有本品种特有的形状	基本具有本品种特有的颜色	基本具有本品种特有的颜色
	果形	具有本品种特有的形状	允许有5%的不规则果	允许有10%的不规则果
	新鲜	果实有光泽、硬实、不萎枯	果实有光泽、硬实、不萎枯	果实有光泽,较硬实
	整齐度/%	≥90	≥85	≥80
	机械伤	无	伤害面积不明显	伤害面积不严重
	清洁	符合清洁要求		
	腐烂	无		
	异味	无		
	灼伤	无		
	冷害	无		
	冻害	无		
	病虫害	无		

项　目			等　级		
			一等品	二等品	三等品
规　格	长茄	大果/cm	果长≥30		
		中果/cm	20≤果长＜30		
		小果/cm	果长＜20		
	圆茄	大果/cm	横径≥15		
		中果/cm	11≤横径＜15		
		小果/cm	横径＜11		
	卵圆茄	大果/cm	果长≥18		
		中果/cm	13≤果长＜18		
		小果/cm	果长＜13		
限度			每批样品品质要求的总不合格率不应超过5%		每批样品品质要求的总不合格率不应超过10%

注:腐烂、异味、冻害和病虫害为主要缺陷。

二、水果

水果是浙江省三大农产品之一,柑橘的面积和产量最大,分别占全省水果面积和产量的 50.2%和 57.0%。

水果的无公害品质和感官要求有:

1.安全性:根据绿色食品标准或国家标准检测果品中的有害重金属和农药残留量。

2.商品性:无公害果品以其安全、优质、营养丰富为特色,有很大的市场潜力,因此对其商品性要求较高。

(1)柑橘等级规格(NY 5014—2001)

项　目	一　等	二　等
基本要求	果实完整、新鲜,具芦柑品种特征,无异常滋味和气味,果面洁净,果形正常。果蒂完整,剪口平齐。不得有浮皮、枯水、水肿和萎蔫现象。不得有未愈合的损伤、裂口,不得有变质果、腐烂果和显示腐烂迹象的果	
果　形	果形整齐,无畸形果	果形基本整齐,无畸形果
色　泽	正常着色面积不少于果皮的80%	正常着色面积不少于果皮的60%
果　面	果皮光滑	果皮尚光滑
缺　陷	枝叶磨伤斑痕、色斑、油斑、日灼斑、锈螨蚧类和一切非正常果皮斑迹、附着物,其分布总面积不超过果皮总面积的10%	枝叶磨伤斑痕、色斑、油斑、日灼斑、锈螨蚧类和一切非正常果皮斑迹、附着物,其分布总面积不超过果皮总面积的15%

(2)杨梅等级规格(GB 19690—2005)

项　目		特等品	一等品	二等品
果　形		呈扁圆形,果形端正	呈扁圆形,果形基本端正,允许有轻微缺陷	呈扁圆形,果形允许有缺陷,不得有严重的畸形果
色泽	早蜜梅	淡紫红色至紫黑色		深红色至紫黑色
	荸荠种晚荸蜜梅	紫红色至紫黑色		淡紫红色至紫黑色
单果重/g		>10.5	>9.5	>7.5
肉　柱		肉柱顶端呈圆钝形,无肉刺	肉柱顶端呈圆钝形或少量锐形,无肉刺	肉柱允许呈尖锐形,带轻微肉刺
肉　味		新鲜、酸甜适口、肉质柔软、多汁、无异味、无霉变		
病虫害		无		
伤果率/%		≤5.0	≤7.5	≤10.0

注:单个刺伤或碰压伤果没面面积超过果面总面积1/10的杨梅果实,判为伤果。

(3)鲜食葡萄等级规格(NY 5086—2002)

项　目	指　标
果　穗	典型且完整
果　粒	大小均匀、发育良好
成熟度	充分成熟果粒≥98%
色　泽	具有本品种应有的色泽
风　味	具有本品种固有的风味
缺陷果	≤5%

(4)桃等级规格(NY 5112—2002)

项　目	指　标
新鲜度	新鲜、清洁,无不正常外来水分
果　形	具有本品种的基本特征
色　泽	具有本品种成熟时固有色泽,着色程度达到本品种应有着色面积25%以上
风　味	具有本品种特有的风味,无异常气味
果面缺陷	雹伤、磨伤等机械伤总面积不大于2cm^2
腐　烂	无
果肉褐变	无
整齐度	果重差异不超过果重平均值的5%

(5)西瓜等级规格(NY 5109—2002)

项　目	一　级	二　级
果　形	果形周正,发育正常,具有本品种应有的特征,不得有畸形瓜	
皮　色	皮色正常,网纹清晰,果皮光滑,茸毛消失,具有本品种应有的特征	
瓤　色	具有本品种成熟时应有的颜色	
成熟度	果实成熟、质脆沙、汁多、甜度高、口感好,无生瓜、过熟瓜	
伤　害	无伤害	无严重伤害
品种纯度	≥95%	≥90%

(6)核桃等级规格(GB 10164—88)

(7)山核桃等级规格(DB 33/T 514—2004)

(8)板栗等级规格(GH/T 1029—2002)

(9)香榧等级规格(DB 33/340.3—2006)

三、茶叶

茶叶是指从茶树上采摘下来的鲜叶或嫩叶,经过加工制成可供人们饮用,具有色、香、味和形状各异的成品茶。

浙江茶叶生产历史悠久,是传统的优势产业,以生产绿茶为主,主要集中在浙西北、浙东、浙南三个茶区。浙西产区主要分布在开化、淳安、桐庐、临安、建德、余杭、西湖、安吉等8个县(市、区),利用生态环境优越的优势,重点发展名优茶、有机茶和出口眉茶。浙东产区主要分布在新昌、嵊州、绍兴、诸暨、武义、余姚、宁海、天台等8个县(市),利用规模大、产业化程度高的优势,重点发展名优茶和出口珠茶。浙南产区主要分布在泰顺、遂昌、松阳、景宁、龙泉、庆元等6个县(市),利用气候回暖早和自然环境污染少的优势,重点发展特早名优茶、有机茶和高山优质绿茶。

在商业经营上,按照茶叶的制造工艺不同,并结合茶叶的品质,将茶叶分为绿茶(包括黄茶、白茶)、红茶、乌龙茶、花茶、速溶茶和紧压茶;根据加工程度不同可分为初制茶、精制茶和再加工茶。

(一)茶叶质量鉴别

1.绿茶的质量鉴别

干看:珍眉以绿带银灰光泽为上品;珠茶以深绿且带乌黑光泽为上品;烘青以碧绿青翠为上品,炒青以绿带嫩黄为上品,以发黄、发紫、暗淡为下品。

湿看:以清香为主,兼有板栗香、花香为上品。汤色清翠、碧绿且透明清澈为上品;深黄、暗浊、泛红为下品。海味以浓醇鲜爽回味甘甜为上品;浓而不爽为中品;浅薄、粗涩、老青叶和其他异味为下品。叶底以明亮、细嫩、厚软、呈嫩绿色、叶背有白茸毛为上品;青暗、粗老、薄硬者为中品;红梗红叶、靛青及青茶色为下品。

2.红茶的质量鉴别

干看:工夫红茶条索紧细、匀齐,色泽乌润,富有光泽为上品;条索粗松、匀齐度差,色泽不一,有死灰枯暗为红碎茶。外形匀齐一致、颗粒卷紧,色泽乌润或带褐红为上品;反之为下品。

湿看:工夫红茶香气馥郁,汤色红艳,香气不纯,滋味醇厚,叶底明亮为上品;有青草气味,汤色欠明,滋味苦涩,叶底花青为下品。红碎茶汤质浓、强、鲜,香气高,汤色红艳明亮,叶底色泽红艳明亮、嫩度柔软匀整为上品;汤质淡、钝、陈,汤色暗浊,香气低,叶底色泽暗杂、嫩度粗硬花杂为下品。

3.乌龙茶的质量鉴别

干看:以沙绿乌润及青绿油润为上品;乌褐色、褐色、赤色、铁色、橘红为下品。

湿看:应有花香。汤色橙黄或金黄,清澈明亮为上品;泛青、红暗、发浊为下品。滋味以醇厚、鲜爽为上品;有苦涩味为下品。叶底以"绿叶红镶边",即叶脉和叶缘部分呈红色,萦部分呈绿色,并且绿处翠绿稍带黄,红处明亮为上品;绿处呈暗绿,红处呈暗红为下品。

4.花茶的质量鉴别

花茶的关键是香气。以花香浓郁、鲜灵自然且持久为上品;花香尖刻为香精喷制。花茶应具备烘青绿茶的外观特征。在香气上与具体的品种花香对应,汤色发黄,滋味醇厚、柔和。

总之,尽管茶叶种类不同,但鉴别的方法基本一致。干看评外形,主要是看茶叶的匀齐程度、形状和色泽,从而判断茶叶的种类、老嫩和加工优劣。湿看识内质,即用开水冲泡茶叶之后,嗅香气、看汤色、尝滋味、看叶底,判断茶叶的老嫩、加工优劣。

(二)茶叶卫生标准

从2006年10月1日起,新的《茶叶卫生标准》GB 2762、GB 2763将替代《茶叶卫生标准》(GB 9679—1988)。该标准中的相关规定有:

①《食品中污染物限量》(GB 2762—2005)对2种污染物在茶叶中的含量作出限量规定,分别为铅($\leqslant$5mg/kg)和稀土($\leqslant$2.0mg/kg)。

②《食品中农药最大残留限量标准》(GB 2763—2005)对9种农药在茶叶中的含量作出限量规定,分别为六六六$\leqslant$0.2mg/kg、滴滴涕$\leqslant$0.2mg/kg、氯菊酯(红茶、绿茶)$\leqslant$20mg/kg、氯氰菊酯$\leqslant$20mg/kg、氟氰戊菊酯(红茶、绿茶)$\leqslant$20mg/kg、溴氰菊酯$\leqslant$10mg/kg、顺式氰戊菊酯$\leqslant$2mg/kg、乙酰甲胺磷$\leqslant$0 1mg/kg、杀螟硫磷$\leqslant$0.5mg/kg。

四、食用菌

食用菌营养丰富、味道鲜美,含有较高的蛋白质、碳水化合物、氨基酸和多种维生素,具有防癌、抗癌、防止多种疾病的功能。食用菌不但可提高免疫力,还具有消除面部的色斑、黄斑、雀斑,使皮肤变白、变嫩的神奇效果。

浙江省食用菌生产、出口量均列全国前茅。其中香菇生产量占全国的 1/3~1/2,鲜香菇出口量约占全国的 80%。现将浙江省大宗、特色食用菌种类的分级标准进行描述。

(一)蘑菇

根据中华人民共和国农业行业标准 NY/T 224—94 的规定,罐头蘑菇、盐水蘑菇和蘑菇干片必须分别符合指标。

1.罐头蘑菇质量指标

项 目	整 菇	片 菇	碎 菇
组织状态	菇体完整、柔嫩,略有弹性,大小均匀一致,菇盖直径 2~4cm,菇柄不得超过 1.5cm	成切片状,菇盖直径在 4cm 以上,厚度均匀一致,3.5~5cm	形状不限
色 泽	淡黄色,有光泽	淡黄色偏暗或略带灰色	
异 味	无	无	无
杂 质	无	无	无
汤 汁	淡黄色、清晰	淡黄色或淡灰黄色,清晰	

2.盐水蘑菇质量指标

项 目	A	B	C	D	E	F(等级外)
菇盖直径/cm	1.5~2.0	2.0~2.5	2.5~3.0	3.0~3.5	3.5~4.0	大小不限
组织状态	菇形完整、饱满,有弹性,无畸形、薄皮、开伞和脱柄菇					允许有少量开伞、脱柄和畸形菇
色 泽	呈淡黄色,菇面光洁,有光泽					
杂 质	无					

3.蘑菇干片质量标准

项　目	统　货	项　目	统　货
组织形态	干片厚度均匀一致	病　虫	无
色　泽	乳白色或淡黄色,有光泽		
菌斑、杂质	无	含水量	≤13%

4.鲜蘑菇的分级标准

一级:菌盖直径 1.8～4cm,菌柄直径 1.5cm,菌柄长 2～3cm;色泽洁白明亮,菇形圆整,肉质肥厚,有菇香,菌膜紧包,柄基切削平整;无泥土、薄皮,无杂质、霉烂,无虫蛀病斑和机械损伤;菌盖破碎率10%以下。

二级:在一级菇的基础上,允许略有畸形菇,小白心,菌盖直径 2～6cm,菌柄直径 1.5cm。

三级:菌盖直径小于 15cm,柄长 5～8cm,其余同一级菇。

等外菇:菌盖直径超过 15cm,柄长大于 10cm,其余同一级菇。

(二)香菇

根据中华人民共和国商业行业标准 SB/T 10039—82 的规定各项指标。

1.香菇花菇感官指标

项　目	一　级	二　级	三　级
颜　色	花纹色淡、明显,菌褶淡黄色	花纹色较深、菌褶黄色	花纹棕褐色、菌褶深黄色
厚薄/cm	≥0.5	≥0.5	≥0.3
形　状	近半球形或伞形、规整	扁半球形或伞形、不规整	扁半球形或伞形、不规整
开伞度/分	6	7	8
大小/cm	≥4,均匀	2.5～4	≥2
菌柄长	≤菌盖直径	≤菌盖直径	≤菌盖直径
气　味	香菇香味、无异味	香菇香味、无异味	香菇香味、无异味
残缺菇/%	≤1	≤1	≤5
褐色菌褶、虫孔	≤1	≤1	≤5
霉变菇/%	≤0.2	≤0.2	≤1
杂质/%	≤0.2	≤0.2	≤1
不允许混入物	毒菇、异种菇、活虫体、动物毛发和排泄物、金属物		

2.香菇厚菇感官指标

项 目	一 级	二 级	三 级
颜 色	菌盖淡褐色至褐色、菌褶淡黄色	菌盖淡褐色至褐色、菌褶黄色	菌盖淡褐色至褐色、菌褶深黄色
厚薄/cm	≥0.5	≥0.5	≥0.3
形 状	近半球形或伞形、规整	扁半球形或伞形、不规整	扁半球形或伞形、不规整
开伞度/分	6	7	8
大小/cm	3~5,均匀	≥3	≥2.5
菌柄长	≤菌盖直径	≤菌盖直径	≤菌盖直径
气 味	香菇香味、无异味	香菇香味、无异味	香菇香味、无异味
残缺菇/%	≤1	≤1	≤5
褐色菌褶、虫孔	≤1	≤1	≤5
霉变菇/%	≤0.2	≤0.2	≤1
杂质/%	≤0.2	≤0.2	≤1
不允许混入物	毒菇、异种菇、活虫体、动物毛发和排泄物、金属物		

3.香菇薄菇感官指标

项 目	一 级	二 级	三 级
颜 色	菌盖淡褐色至褐色、菌褶淡黄色	菌盖淡褐色至褐色、菌褶黄色	菌盖淡褐色至褐色、菌褶深黄色
厚薄/cm	≥0.2	≥0.2	≥0.1
形 状	扁平形、规整	扁平形、不规整	扁平形、不规整
开伞度/分	7	8	9
大小/cm	≥4,均匀	≥4	≥3
菌柄长	≤菌盖直径	≤菌盖直径	≤菌盖直径
气 味	香菇香味、无异味	香菇香味、无异味	香菇香味、无异味
残缺菇/%	≤1	≤3	≤5
褐色菌褶、虫孔	≤1	≤1	≤5
霉变菇/%	≤1	≤1	≤1
杂质/%	≤1	≤1	≤1
不允许混入物	毒菇、异种菇、活虫体、动物毛发和排泄物、金属物		

(三)木耳

黑木耳干制品分级标准、检验及等级评定,根据中华人民共和国国家标准 GB/T 6192—86 的规定执行。

黑木耳的等级分为三级,包括感官指标、物理指标两个方面,各级的每一项目均有详细要求。

1.感官指标

项　目	一　级	二　级	三　级
耳片色泽	耳面黑褐色,有光亮感,背暗灰色	耳面黑褐色,背暗灰色	多为黑褐色至浅棕色
拳　耳	不允许	不允许	不超过 1%
流　耳	不允许	不允许	不超过 0.5%
流失耳	不允许	不允许	不允许
虫蛀耳	不允许	不允许	不允许
霉烂耳	不允许	不允许	不允许

2.黑木耳干制品物理指标

项　目	一　级	二　级	三　级
朵片大小/cm	朵片完整,不能透过 2cm 的筛眼	朵片基本完整,不能透过 1cm 的筛眼	朵片小或成碎片,不能透过 0.4cm 的筛眼
含水量/%	不超过 14	不超过 14	不超过 14
干湿比	1:15 以上	1:14 以上	1:12 以上
耳片厚度/mm	1 以上	0.7 以上	
杂质/%	不超过 0.3	不超过 0.5	不超过 1

五、中药材

中药材是指中医作为调剂处方、配制中成药所用的原料。其中大部分是只经过初步加工的原生药。根据性质不同可分为植物药、动物药和矿物药三大类。

浙江省是我国中药材重点产区,也是中药材资源大省,生产总量、资源总量均列全国前三位。

(一)浙江省中药材产地

浙北地区:以杭州、嘉兴、湖州地区为主。依托正大青春宝药业、胡庆馀堂药业、康莱特药业、天目山药业等企业,大力发展杭州中成药及饮片加工业,建立我省最大的中成药生产基地和饮片加工基地;大力开展地道药材杭白菊产业化种植,建立规范化、规模化种植基地;建立铁皮石斛、红豆杉、迷迭香、西红花等高附加值特色品种种植基地;利用竹叶资源和蚕桑资源,开展中药功能食品的研究与产业化。

浙东地区:以宁波、台州、舟山、绍兴地区为主。依托海正药业,建立天然药物提取加工基地;依托震元药业建立现代中药物流基地;建立宁波银杏叶、白芍、茶多酚等药用植物提取基地;充分利用沿海优势,大力发展海洋药物产业,加强海洋中成药的研究与产业化。

浙中、西地区:以金华、衢州地区为主。建立兰溪市医药产业基地,以康恩贝药业、天一堂药业、一新药业为依托,大力发展中成药及天然药物工业,建立现代化工业生产基地;大力发展白术、浙贝母、元胡、玄参等地道药材种植,建设规范化、规模化种植基地;鼓励在药材主产地建立规模化的饮片加工基地。

浙南地区:以丽水、温州地区为主。建立杜仲、厚朴、温郁金等地道药材规范化种植基地;加强特色品种的引进和种植,继续做强薏米仁基地,加快香茶菜、肿节风、铁皮石斛、灵芝种植基地的建设。利用温州沿海优势,大力开展海洋中成药的研究与产业化。

(二)浙江省重要药材

1.浙贝母(百合科)

浙贝母,因其始种于象山而又称象贝,亦称大贝、大贝母、元宝贝、珠贝。贝母系百合科越年生草本药用植物。初夏时植株枯萎,收获其地下鳞茎,洗净后经加工晒干处理,便成药用的贝母。其花也可供药用。

2.麦冬(百合科)

麦冬的干燥块根为常用中药,性微寒,味甘、微苦,有养阴生津、润肺清心之效,用于肺热干咳、虚劳咳嗽、津伤口渴、心烦失眠、内热消渴、肠燥便秘、白喉等症。

浙江产麦冬三足年生,采集适时,加工精良,体型饱满,色泽黄亮,滋粘糯性,味甘甜,气清香,堪称国产地道产品之最,是著名的"浙八味"之一。

3.玄参(玄参科)

玄参的干燥根为常用中药,性微寒,味甘、苦、咸。有凉血滋阴、泻火解毒之效。用于热病伤阴、舌绛烦渴、温毒发斑、津伤便秘、骨蒸劳嗽、目赤、咽痛、瘰疬、白喉、痈肿疮毒等症。

玄参主产本省,目前以磐安、仙居为最多。其产品质坚性糯,皮细肉黑,根条肥壮,深受国内外药商之好评,是著名的"浙八味"之一。

4.白术(菊科)

白术的干燥根茎为常用中药,性温,味甘、苦。有健脾益气、燥湿利水、止汗安胎之效,用于脾虚食少、腹胀泄泻、痰饮眩晕、水肿、自汗、胎动不安等症。

本品主产浙江,其产品个大、肉肥、色正、质重,香气诱人,药效显著,深受国内外欢迎,是著名的"浙八味"之一。磐安、新昌、嵊州、东阳、天台等县(市)已成为白术之主产区。

5.白芍 (毛茛科)

芍药原产北温带,是多年生草本植物。野生种分布黑龙江、吉林、辽宁、内蒙古、河北、山西、陕西、甘肃及苏联西怕利亚等地。它是既能药用,又能供观赏的经济植物之一。

芍药在浙江的主产区有东阳、磐安、缙云、永康、临安等县(市)。

6.菊花(菊科)

药用菊根据产地及加工方法不同,可分安徽的亳菊、滁菊、贡菊,浙江的杭菊及河南的怀菊,其中杭菊按其颜色不同,又可分杭白菊、杭黄菊两个品系。

商品之杭菊为菊花之干燥头状花序,是浙江的地道药村,著名的"浙八味"之一,以杭白菊最负盛名,主要产于桐乡。

7.延胡索(罂粟科)

产于浙江省北部、西北部及中部。生于山坡林缘草丛中或沟边、岩石缝间。杭州、建德、东阳、磐安、永康、缙云、温岭有栽培。江苏、安徽、江西、湖北、山东、河北有从浙江引种栽培。

8.温郁金(姜科)

温郁金是浙江的一种重要药用植物,其同一植株中可产3种药材。在国内药材行业中颇享盛誉,为著名的"浙八味"之一。

9.浙西南山茱萸(山茱萸科)

山茱萸为山茱萸科植物山茱萸的干燥成熟果肉。主产于浙江,还分布于安徽、陕西、河南等地。品质以浙江淳安所产最优,故史称"淳萸肉"。

10.杜仲(杜仲科)

杜仲为杜仲科植物杜仲的干燥树皮。药材主产于浙江、四川、陕西、湖北、河南、贵州、云南。

11.仙居黄姜

黄姜,学名盾叶薯蓣,俗名火藤根、粉黄姜,属薯蓣科,为多年生草质缠绕藤本植物。该中药在我国的湖北、四川等省均有种植。浙江省的仙居县近年也已发展到数千亩面积。

六、畜禽肉品

浙江省畜禽品种资源丰富。单从生产总量上衡量,浙江省畜牧业在全国所占的比重是比较低的。但浙江省畜牧业在生猪、家禽生产方面具有比较明显的优势:一是规模生产优势,浙江省畜禽生产规模化程度较高;二是生产技术优势,浙江省畜禽生产技术水平普遍较高;三是品种资源优势,浙江省畜禽品种资源丰富,高产优质品种多,出口优势也较为明显。其中利用金华猪加工的正宗金华火腿出口日本,产品供不应求。

无公害肉品的质量标准:在饲养畜禽的产前、产中、产后全过程中,必须采用无公害、无残留、无激素的饲料和饲料添加剂,控制环境和饮水的质量标准,规范兽药的使用品种、用量等。具体说来,产后的无公害肉品具有以下标准:

(一)感官标准

1.无公害畜肉品的感官标准(GB 2707/8—1994)

项 目	冻猪肉、牛肉、羊肉、兔肉	冻猪肉、牛肉、羊肉、兔肉
色 泽	肌肉有光泽,红色均匀,脂肪呈乳白色或微黄色	肌肉有光泽,红色或稍暗,脂肪呈洁白或微黄色
组织状态	纤维清晰,有坚韧性,肉质紧密、坚实,外表微干或湿润,不粘手,切面湿润	外表微干或有风干膜,或外表湿润不粘手,切面湿润不粘手
弹 性	指压后凹陷立即恢复	解冻后指压凹陷恢复较慢
气 味	具有鲜猪肉、牛肉、羊肉、兔肉固有气味,无臭味,无异味	解冻后具有鲜猪肉、牛肉、羊肉、兔肉固有气味,无臭味
煮沸后肉汤	澄清透明,脂肪团聚于表面,具特有香味	澄清透明或稍有浑浊,脂肪团聚于表面,具特有香味

2.无公害禽肉应该满足的感官标准(NY/T 753—2003)

项 目		鲜禽肉	冻禽肉(解冻后)
组织状态		肌肉有弹性,经指压后凹陷部位立即恢复原位	肌肉经指压后凹陷部位恢复慢,不能完全恢复原状
色 泽		表皮和肌肉切面有光泽,具有禽种固有的色泽	
气 味		具有禽种固有的气味,无异味	
煮沸后的肉汤		透明澄清,脂肪团聚于表面,具有固有香味	
淤血	淤血面积大于 $1cm^2$ 时	不允许存在	
	淤血面积小于 $1cm^2$ 时	不得超过抽样量的 2%	
硬杆毛/(根/10kg)		1	
肉眼可见异物		不得检出	

注:淤血面积以单一整禽或单一分割禽体的1片淤血面积计。

（二）理化指标

以猪、牛肉为例，需满足的理化指标（NY 5029—2001、NY 5044—2001）

项　　目	指　　标
解冻失水率/%	≤8
挥发性盐基氮/(mg/100g)	≤15
汞（以 Hg 计）/(mg/kg)	按 GB 2707(猪肉) GB/T 9960(牛肉)
铅（以 Pb 计）/(mg/kg)	≤0.50
砷（以 As 计）/(mg/kg)	≤0.50
镉（以 Cd 计）/(mg/kg)	≤0.10
铬（以 Cr 计）/(mg/kg)	≤1.0
六六六/(mg/kg)	≤0.10
滴滴涕/(mg/kg)	≤0.10
金霉素/(mg/kg)	≤0.10
土霉素/(mg/kg)	≤0.10
氯霉素	不得检出(猪肉)
磺胺类（以磺胺类总量计）/(mg/kg)	≤0.10
伊维菌素（脂肪中）/(mg/kg)	≤0.02(猪肉) ≤0.04(牛肉)
盐酸克伦特罗	不得检出(猪肉)

（三）微生物指标

1. 无公害猪、牛肉的微生物指标（NY 5029—2001、NY 5044—2001）

项　　目	指　　标
菌落总数/(cfu/g)	$\leqslant 1 \times 10^{6}$
大肠菌群/(MPN/100g)	$\leqslant 1 \times 10^{4}$
沙门菌	不得检出

2.无公害禽肉的微生物指标(NY/753—2003)

项　　目	指　　标
菌落总数/(cfu/g)	$\leqslant 5 \times 10^5$
大肠菌群/(MPN/100g)	$\leqslant 5 \times 10^5$
沙门菌	不得检出

八、禽蛋

浙江省现有规模蛋类加工企业4家,大部分是家庭经营的鸭蛋加工作坊,与分布各地的蛋鸭基地相配套,鸭农自己加工咸蛋、皮蛋等,也有龙头企业和专业合作社统一组织当地鸭蛋加工,还有平湖糟蛋等传统食品。鸡蛋加工量很少,除作为蛋糕等原料外,以鲜食为主。

(一)无公害禽蛋的各种指标

1.无公害禽蛋的理化指标(NY 5039—2005)

项　　目	指　　标
汞(以 Hg 计)/(mg/kg)	$\leqslant 0.03$
铅(以 Pb 计)/(mg/kg)	$\leqslant 0.02$
砷(以 As 计)/(mg/kg)	$\leqslant 0.50$
镉(以 Cd 计)/(mg/kg)	$\leqslant 0.05$
铬(以 Cr 计)/(mg/kg)	$\leqslant 1.00$
四环素/(mg/kg)	$\leqslant 0.20$
金霉素/(mg/kg)	$\leqslant 0.20$
土霉素/(mg/kg)	$\leqslant 0.20$
磺胺类(以磺胺类总量计)/(mg/kg)	$\leqslant 0.10$
恩诺沙量/(mg/kg)	不得检出

注:兽药、农药最高残留限量和其他有毒有害物质限量应符合国家相关规定。

2.无公害禽蛋的微生物指标(NY 5039—2005)

项　　目	指　　标
菌落总数/(cfu/g)	$\leqslant 5 \times 10^4$
大肠杆菌/(MPN/100g)	$\leqslant 100$
致病菌(沙门菌、志贺菌、葡萄球菌、溶血性链球菌)	不得检出

(二)禽蛋的分级

禽蛋按照下列规定分为三级:

一等蛋:每个蛋重在 60g 以上。蛋壳清洁、坚硬、完整,气室深度 0.5cm 以上者不得超过 10%,蛋白清明,质浓厚,胚胎无发育。

二等蛋:每个蛋重在 50g 以上;蛋壳尚清洁、坚硬、完整,气室深度 0.6cm 以上者不得超过 10%,蛋白略显明而质尚浓厚,蛋黄略显清明,但仍固定,胚胎无发育。

三等蛋:每个蛋重在 38g 以上。蛋壳污壳者不得超过 10%,气室深度 0.8cm 的不得超过 25%,蛋白清明,质稍稀薄,蛋黄显明而移动,胚胎微有发育。

九、水产品

浙江省是渔业大省,年捕捞产量、远洋渔业产量、水产品市场交易额、一般性贸易出口额和深水网箱养殖等,均位居全国首位。全省水产品总产量达万吨。

(一)浙江水产品优势产区

1.浙东南沿海产区

以大黄鱼、海水蟹(锯缘青蟹、三疣梭子蟹)、对虾、泥蚶等品种为重点,主要布局在嵊泗、岱山、定海、普陀、慈溪、北仑、奉化、宁海、象山、三门、临海、椒江、路桥、温岭、玉环、乐清、龙湾、瑞安、洞头、平阳、苍南等 21 个县(市、区)。

2.杭嘉湖和宁绍、金衢产区

以发展珍珠、龟鳖和部分南美白对虾为重点,主要布局在长兴、湖州市区、德清、余杭、萧山、西湖、江干、桐庐、嘉善、平湖、海宁、桐乡、建德、海盐、秀城、秀洲、诸暨、越城、绍兴、上虞、余姚、兰溪、义乌、金东、武义、龙游、柯城、江山等 28 个县(市、区)。

(二)水产品鉴别

1.感官鉴别要点

感官鉴别水产品及其制品的质量优劣时,主要通过体表形态、鲜活程度、色泽、气味、肉质的弹性和洁净程度等感官指标来进行综合评价。

对于水产品来讲,首先是观察其鲜活程度如何,是否具备一定的生命活力;其次是看外观形体的完整性,注意有无伤痕、鳞爪脱落、骨肉分离等现象;再次是观察其体表卫生洁净程度,即有无污秽物和杂质等;最后才是看其色泽,嗅其气味,有必要的话还要品尝其滋味。

对于水产制品而言,感官鉴别也主要是考察外观、色泽、气味和滋味几项内容。其中是否具有该类制品特有的正常气味与风味,对于做出正确判断有着重要意义。

2.鉴别鲜鱼的质量

在进行鱼的感官鉴别时,先观察其眼睛和鳃,然后检查其全身和鳞片,并同时用一块洁净的吸水纸漫吸鳞片上的黏液来观察和嗅闻,以鉴别黏液的质量。必要时用竹签刺入鱼肉中,拔出后立即嗅其气味,或者切割小块鱼肉,煮沸后测定鱼汤的气味与滋味。

(1)眼球鉴别

1)新鲜鱼:眼球饱满突出,角膜透明清亮,有弹性;

2)次鲜鱼:眼球不突出,眼角膜起皱,稍变混浊,有时溢血发红;

3)腐败鱼:眼球塌陷或干瘪,角膜皱缩或有破裂。

(2)鱼鳃鉴别

1)新鲜鱼:鳃丝清晰呈鲜红色,黏液透明,具有海水鱼的咸腥味或淡水鱼的土腥味,无异臭味;

2)次鲜鱼:鳃色变暗呈灰红或灰紫色,黏液轻度腥臭,气味不佳;

3)腐败鱼:鳃呈褐色或灰白色,有污秽的黏液,带有不愉快的腐臭气味。

(3)体表鉴别

1)新鲜鱼:有透明的黏液,鳞片有光泽且与鱼体贴附紧密,不易脱落(鲳、大黄鱼、小黄鱼除外);

2)次鲜鱼:黏液多、不透明,鳞片光泽度差且较易脱落,黏液黏腻而混浊;

3)腐败鱼:体表暗淡无光,表面附有污秽黏液,鳞片与鱼皮脱离殆尽,具有腐臭味。

(4)肌肉鉴别

1)新鲜鱼:肌肉坚实有弹性,指压后凹陷立即消失,无异味,肌肉切

面有光泽;

2)次鲜鱼:肌肉稍呈松散,指压后凹陷消失得较慢,稍有腥臭味,肌肉切面有光泽;

3)腐败鱼:肌肉松散,易与鱼骨分离,指压时形成的凹陷不能恢复或手指可将鱼肉刺穿。

(5)腹部外观鉴别

1)新鲜鱼:腹部正常、不膨胀,肛孔白色、凹陷;

2)次鲜鱼:腹部膨胀不明显,肛门稍突出;

3)腐败鱼:腹部膨胀、变软或破裂,表面暗灰色或有淡绿色斑点,肛门突出或破裂。

3.鉴别冻鱼的质量

鲜鱼经－20℃低温冻结后,鱼体发硬,其质量优劣不如鲜鱼那么容易鉴别。冻鱼的鉴别应注意以下几个方面:

(1)体表

1)质量好的冻鱼,色泽光亮,有鲜鱼般的鲜艳,体表清洁,肛门紧缩;

2)质量差的冻鱼,体表暗而无光泽,肛门突出。

(2)鱼眼

1)质量好的冻鱼,眼球饱满凸出,角膜透明,洁净无污物;

2)质量差的冻鱼,眼球平坦或稍陷,角膜混浊发白。

(3)组织

1)质量好的冻鱼,体型完整无缺,用刀切开检查,肉质结实不寓刺,脊骨处无红线,胆囊完整不破裂;

2)质量差的冻鱼,体型不完整,用刀切开后肉质松散,有寓刺现象,胆囊破裂。

4.鉴别咸鱼的质量

(1)色泽鉴别

1)良质咸鱼:色泽新鲜,具有光泽;

2)次质咸鱼:色泽不鲜明或暗谈;

3)劣质咸鱼:体表发黄或变红。

(2)体表鉴别

1)良质咸鱼:体表完整,无破肚及骨肉分离现象,体形平展,无残鳞、无污物；

2)次质咸鱼:鱼体基本完整,但可有少部分变成红色或轻度变质,有少量残鳞或污物；

3)劣质咸鱼:体表不完整,骨肉分离,残鳞及污物较多,有霉变现象。

(3)肌肉鉴别

1)良质咸鱼:肉质致密结实,有弹性；

2)次质咸鱼:肉质稍软,弹性差；

3)劣质咸鱼:肉质疏松易散。

(4)气味鉴别

1)良质咸鱼:具有咸鱼所特有的风味,咸度适中；

2)次质咸鱼:可有轻度腥臭味；

3)劣质咸鱼:具有明显的腐败臭味。

5.鉴别干鱼的质量

(1)色泽鉴别

1)良质干鱼:外表洁净有光泽,表面无盐霜,鱼体呈白色或淡；

2)次质干鱼:外表光泽度差,色泽稍暗；

3)劣质干鱼:体表暗淡色污,无光泽,发红或呈灰白、黄褐、浑黄色。

(2)气味鉴别

1)良质干鱼:具有干鱼的正常风味；

2)次质干鱼:可有轻微的异味；

3)劣质干鱼:有酸味、脂肪酸败或腐败臭味。

(3)组织状态鉴别

1)良质干鱼:鱼体完整、干度足,肉质韧性好,切割刀口处平滑,无裂纹、破碎和残缺现象；

2)次质干鱼:鱼体外观基本完善,但肉质韧性较差；

3)劣质干鱼:肉质疏松,有裂纹、破碎或残缺,水分含量高。

(三)水产品卫生

1.黄鳝、甲鱼、乌龟、河蟹、青蟹、蛴蟆、小蟹、各种贝类均应鲜活销售。凡已死亡者均不得出售和加工；

2.含有自然毒素的水产品,如鲨鱼、鲅鱼、旗鱼必须去除肝脏；鳇鱼应除去肝、卵；河豚鱼有剧毒,不得流入市场,应剔出妥善集中处理,因特殊情况需进行加工食用的应在有条件的地方集中加工,在加工处理前必须先去除内脏、皮、头等含毒部位,洗净血污,经盐腌晒干后安全无毒方可出售,其加工废弃物应妥善消毁;

3.凡青皮红肉的鱼类,如鲣鱼、参鱼、鲐鱼等易分解产生大量组胺,出售时必须注意鲜度质量;在不能及时鲜销或需外运供销时应立即劈背加25%以上的盐腌制,以保证食用安全;

4.使用食品添加剂应符合 GB 2760—1996《食品添加剂使用卫生标准》;

5.凡因化学物质中毒致死的水产品均不得供食用;

6.凡虫蛀、霉变、脂肪氧化蔓及深层的水产品不得供食用。

(四)淡水鱼卫生标准(GB 2736—1994)

1.主题内容与适用范围

本标准规定了淡水鱼的卫生要求和检验方法。本标准适用于青鱼、草鱼、鲢鱼、鲤鱼、鳙鱼、鳊鱼(团头鲂)、鲫鱼、鲶鱼等淡水鱼。

2.引用标准

GB 2762　　食品中汞允许量标准

GB 2763　　粮食、蔬菜等食品中六六六、滴滴涕残留量标准

GB 4809　　食品中氟允许量标准

GB 4810　　食品中总砷允许量标准

GB 5009.11　食品中总砷的测定方法

GB 5009.17　食品中总汞的测定方法

GB 5009.18　食品中氟的测定方法

GB 5009.19　食品中六六六、滴滴涕残留量的测定方法

GB 5009.44　肉与肉制品卫生标准的分析方法

3.技术要求

(1)感官指标

1)体表:有光泽,鳞片较完整不易脱落,黏液无浑浊,肌肉组织致密有弹性。

2)鱼鳃:鳃丝清晰,色鲜红或暗红,无异臭味。

3)眼睛:眼球饱满,角膜透明或稍有浑浊。

4)肛门:紧缩或稍有凸出。

(2)理化指标

理化指标见下表：

项　　目	指　　标
挥发性盐基氮/(mg/100g)	≤20
汞(以 Hg 计)/(mg/kg)	按 GB 2762
六六六/(mg/kg)	按 GB 2763
滴滴涕/(mg/kg)	按 GB 2763
砷(以 As 计)/(mg/kg)	按 GB 4810
氟/(mg/kg)	按 GB 4809

4.检验方法

挥发性盐基氮按 GB 5009.44 执行。

汞按 GB 5009.17 执行。

六六六、滴滴涕按 GB 5009.19 执行。

砷按 GB 5009.11 执行。

氟按 GB 5009.18 执行。

主要参考文献

[1] 李崇光.农产品营销学.北京:高等教育出版社,2004

[2] 安玉发.农产品市场营销理论与实践.北京:中国轻工业出版社,
    2005

[3] 白光等.农业品牌产品的质量安全.北京:中国经济出版社,2006

[4] 白光等.中国要走农业品牌化之路.北京:中国经济出版社,2006

[5] 邹华等.农产品经纪人.北京:中国农业出版社,2004

[6] 麻淑秋等.经纪实务.北京:经济科学出版社,2006

[7] 中国农产品经纪人网,http://www.ncpjjren.com

[8] 中国农业信息网,http://www.agri.gov.cn

图书在版编目（CIP）数据

农产品经纪人／浙江省供销社职拥技能鉴定中心组编.
—杭州：浙江大学出版社，2007.3（2016.11 重印）
农产品经纪人培训教材
ISBN 978-7-308-05056-2

Ⅰ.农…　Ⅱ.浙…　Ⅲ.农产品－经纪人－技术培
训－教材　Ⅳ.F323.7

中国版本图书馆 CIP 数据核字（2006）第 139721 号

农产品经纪人

浙江省供销社职业技能鉴定中心　组编

责任编辑　阮海潮（ruanhc@zju.edu.cn）
封面设计　宋纪浔
出版发行　浙江大学出版社
　　　　　　（杭州市天目山路 148 号　邮政编码 310007）
　　　　　　（网址：http://www.zjupress.com）
排　　版　杭州中大图文设计有限公司
印　　刷　杭州钱江彩色印务有限公司
开　　本　787mm×960mm　1/16
印　　张　14
字　　数　217 千
版 印 次　2007 年 3 月第 1 版　2016 年 11 月第 15 次印刷
书　　号　ISBN 978-7-308-05056-2
定　　价　20.00 元